NOUVEAU
TARIF DES DOUANES

FRANÇAISES

MIS AU COURANT DE TOUS LES CHANGEMENS ET MODIFICATIONS DE TAXES

Survenus depuis 1826.

ÉDITION REVUE, COORDONNÉE ET COLLATIONNÉE

SUR LES DOCUMENS OFFICIELS,

PAR

plusieurs anciens Employés de l'Administration.

HAVRE

IMPRIMERIE DU COMMERCE, ALPHONSE LEMALE, RUE DES DRAPIERS, N° 20.

1834

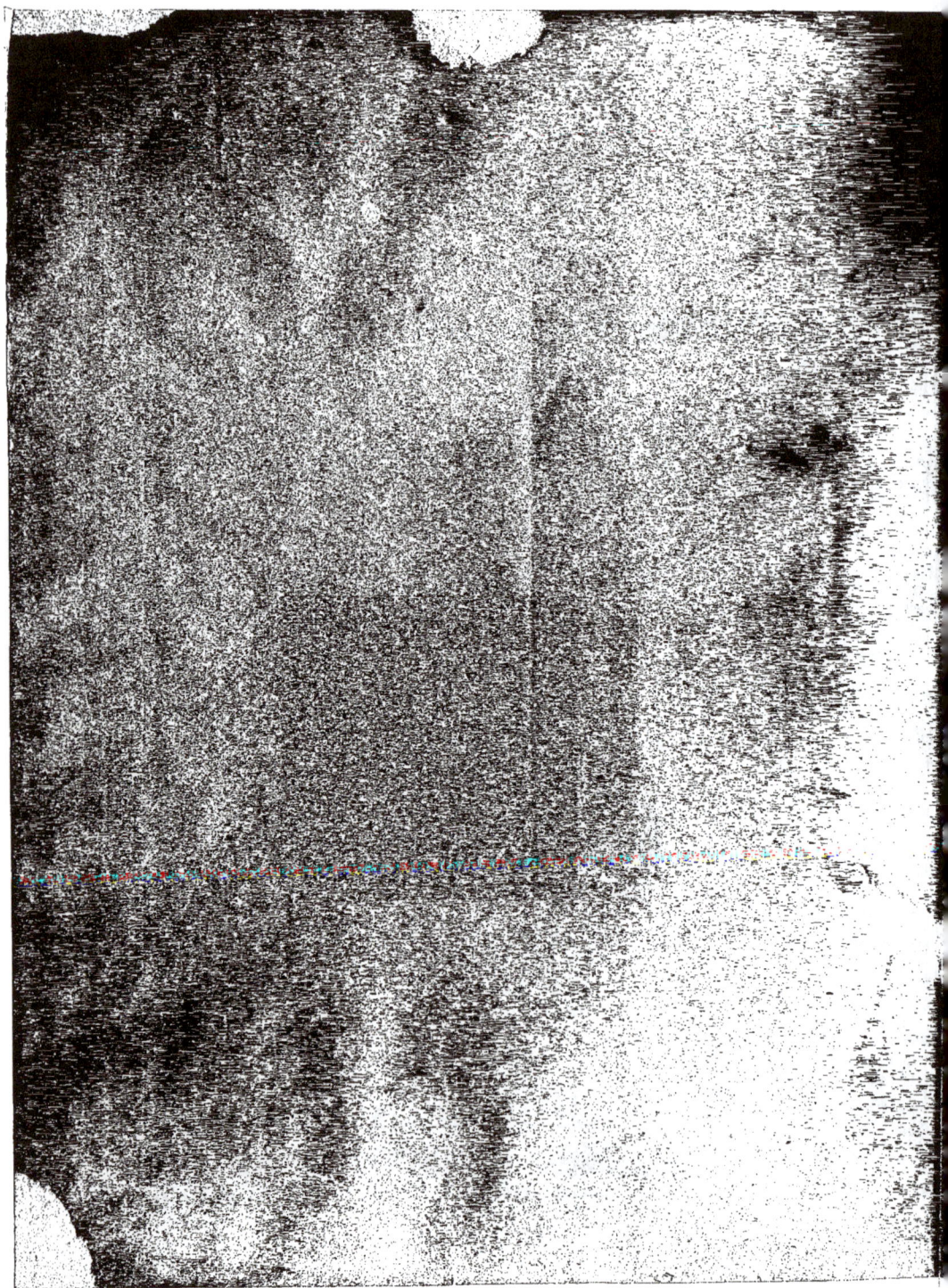

NOUVEAU

TARIF

DES

Douanes Françaises.

———◄═●═►———

NOUVEAU
Tarif des Douanes

FRANÇAISES

MIS EN ORDRE ALPHABÉTIQUE, AVEC LES RENVOIS ET LES NOTES EN REGARD,

SUIVI DU

TARIF DES DROITS

d'Expédition, de Timbre, de Transit, de Réexportation d'Entrepôt, de Magasinage, Plombage, etc., et autres taxes accessoires
perçues par l'Administration des Douanes ;

DU

Tarif Général des Droits de Navigation, et d'un Tableau

PRÉSENTANT

LA NOMENCLATURE DES PRODUITS JOUISSANT DE PRIMES DE SORTIE

et la quotité de ces mêmes primes, etc., etc.

ÉDITION REVUE, CORRIGÉE ET COLLATIONNÉE SUR LES DOCUMENS OFFICIELS,
par plusieurs anciens Employés de l'Administration.

PRIX : 12 FRANCS.

HAVRE
Imprimerie du Commerce, **Alph. Lemale**, *rue des Drapiers, n° 20.*
1834

AVIS IMPORTANT DES EDITEURS

DU

Nouveau Tarif des Douanes Françaises.

Un Tarif des droits de douane est (chacun le sait) un ouvrage très-variable de sa nature. Il le devient, peut-être, d'avantage en ce moment où l'extension toujours croissante du commerce maritime et les progrès incessans de l'industrie nationale appellent, chaque année, de nouvelles modifications de taxes et de nombreuses réformes dans le système actuel.

Cependant il importe au Commerce, non seulement d'être promptement instruit de ces divers changemens et rectifications, mais encore d'avoir sous la main un Tarif tenu au courant de toutes les taxes exigibles et des différens modes de leur application.

C'est pour lui assurer ces avantages dont il apprécie, autant que nous, toute l'importance, que nous présentons à son adoption, l'arrangement suivant :

Au moyen d'une Souscription dont le prix est fixé à **TROIS FRANCS** par année, on recevra, franc de port, et au fur et à mesure des promulgations officielles, une ou plusieurs feuilles destinées à remplacer celles de notre Tarif sur lesquelles viendraient à porter des changemens, tant pour ce qui a rapport aux droits de douane et de navigation, que pour ce qui concerne les assimilations, les notes explicatives, les entrepôts, primes, transit, etc. Ces feuilles, qu'il sera d'autant plus aisé de substituer aux anciennes par le simple collage d'une oreille sur l'autre, que la largeur de cette oreille à été ménagée à ce dessein, contiendront toutes les réformes, rectifications et changemens résultant de la nouvelle législation. De cette manière, le Commerce possédera le Tarif toujours complet et au courant, et trouvera, en tout temps, dans ce précieux document un guide fidèle et sûr pour ses spéculations avec le dehors.

MM. les Négocians qui désireront souscrire, sont priés d'adresser leurs lettres et le montant de leur souscription pour l'année, à M. ALPH. LEMALE, Imprimeur du Commerce, rue des Drapiers, 20, au Havre.

TABLE

AVANT-PROPOS.

Dans le cours des dix-sept dernières années, le Gouvernement n'a fait publier que trois éditions du Tarif officiel, dont la dernière remonte à 1822, et le supplément qui s'y rapporte, au mois de juin 1826.

Cependant, depuis cette époque, plusieurs lois et ordonnances ont successivement introduit dans les taxes une foule de modifications importantes. La tarification des Céréales et des Sucres a été totalement renouvelée ; les droits sur les Cotons, les Bois d'ébénisterie, le Salpêtre, et sur vingt autres articles ont subi de grandes réductions, et l'ordonnance du 29 juin dernier, en confirmant ces divers changemens, est venue en ajouter quelques autres, et lever plusieurs restrictions de sortie.

Après ces réformations, le commerce si intéressé à ce qui touche au Tarif, s'était attendu à voir sortir des presses de l'Imprimerie Royale, comme précédemment, une nouvelle édition de ce document mis au courant de toutes ces modifications. Cette publication devenait, pour lui, d'autant plus urgente que l'édition de 1822, d'ailleurs épuisée depuis long-temps, n'est plus susceptible de recevoir aujourd'hui les innombrables corrections résultant de l'établissement des nouvelles taxes ; que les tableaux de rectifications que l'administration des douanes a fait dresser n'ont été transmis par elle qu'à ses seuls agens ; enfin, que dans le cas même où le commerce aurait pu se les procurer, le travail nécessité par d'aussi nombreux reports, étant hors de sa portée, il serait immanquablement tombé, pour l'accomplir, dans de graves erreurs dont il eut recueilli tout le préjudice.

Malgré ces puissantes considérations, le Gouvernement a encore ajourné la nouvelle publication d'un Tarif officiel.

Placés au centre du grand commerce de la France, nous nous sommes trouvés à portée, plus que tous autres, de connaître combien le manque de renseignemens positifs, en pareille matière, lui occasionnait de retard et d'entraves dans ses spéculations, et d'apprécier le besoin impérieux pour lui de mettre un terme à cet état d'incertitude. C'est donc avec la conviction de lui être véritablement utiles, que nous publions le nouveau Tarif des droits d'entrée et de sortie seuls en vigueur aujourd'hui, et mis en harmonie avec les dispositions de toutes les lois et ordonnances promulguées depuis 1826, notamment de celles des 15 avril et 16 juin 1832, 26 avril et 29 juin 1833.

Nous avons senti, toutefois, qu'un pareil travail n'aurait d'utilité réelle, qu'autant qu'il serait clair, méthodique, complet, et présentant toute garantie d'exactitude, tant dans le chiffre des divers droits que dans les notes qui en règlent l'application. Aussi

2

n'avons-nous rien négligé pour atteindre ce but, et faire de ce livre le guide et le régulateur certain de toutes les opérations commerciales.

Et d'abord, l'ordre alphabétique dans lequel nous avons rangé la nomenclature des divers produits et denrées, la position en regard des renvois et des notes, nous ont paru devoir abréger et simplifier les recherches que l'ancien Tarif avait rendues aussi longues que difficultueuses.

Quant à l'exactitude du chiffre des différentes taxes, nous avons pris tous les soins, toutes les mesures pour pouvoir la garantir avec une pleine et entière sécurité. Nous certifions que ce chiffre a été vérifié et collationné, pour toutes et chacune, d'abord du manuscrit sur les pièces officielles, puis de chaque épreuve du tirage sur le manuscrit, et de rechef sur les documens officiels. Nous ajoutons que ce pénible, mais indispensable travail a été fait, avec la plus scrupuleuse investigation, par un ancien employé de l'administration même des douanes, et contrôlé par une et deux autres personnes dont la position et les antécédens sont un garant assuré de l'exactitude consciencieuse qui a présidé à cette importante vérification.

Convaincus, d'un autre côté, qu'un livre véritablement indispensable serait ce même Tarif tenu incessamment au courant des changemens que la législation peut y introduire, nous nous sommes déterminés, pour faire de notre entreprise une chose réellement utile et durable, à conserver les planches de cette édition, et chaque fois que des actes législatifs ou des ordonnances viendront apporter quelques modifications aux taxes actuelles, il sera promptement tiré, s'il y a lieu, une nouvelle et entière édition du Tarif, ou, si ces modifications ne l'exigeaient pas absolument, de simples cartons ou feuilles séparées, destinés à remplacer celles-ci et tenir, par ce moyen, l'ouvrage constamment au courant et parfaitement complet.

Nous avons lieu d'espérer que le commerce nous saura gré de nos efforts. Nous lui en promettons la continuation pour mériter ses suffrages, et rendre notre travail digne de son adoption.

INTRODUCTION.

Des Droits de Douane et de leur application.

Les droits de douane, proprement dits (ceux du Tarif), sont dus à toutes les entrées et sorties de France.

Des ordonnances du Roi peuvent provisoirement en augmenter ou diminuer la quotité, prohiber l'entrée des marchandises étrangères, ou suspendre la sortie des produits du sol ; mais ces ordonnances doivent être présentées aux Chambres avant la fin de leur session, ou à la session prochaine, pour être converties en lois.

Les droits de douane, quand il existe soumission inscrite aux registres pour leur paiement, sont exigibles par voie de contrainte, exécutoire même par corps, sans que l'exécution en puisse être suspendue par aucune opposition ni autre acte quelconque.

Prescription pour leur recouvrement ou leur restitution.

L'Administration des douanes n'est plus recevable à former aucune demande en paiement de droits, *un an* après que ces droits auraient dû être acquittés, à moins cependant qu'il n'y ait eu avant ce terme, soit pour l'administration, soit pour les parties, contrainte décernée et signifiée, demande formée en justice, condamnation, promesse, convention ou obligation particulières et spéciales relativement à l'objet qui serait répété.

D'une autre part, aucune personne n'est recevable à former contre la même administration, de demandes en restitution de droits, marchandises, etc., *deux ans* après l'époque que les réclamateurs donneraient au paiement des droits, dépôt de marchandises, etc. L'administration est pareillement déchargée envers les redevables, *trois ans* après chaque année expirée, de la garde des registres de recette et autres pièces, sans pouvoir être tenue de les représenter, s'il y avait des instances encore subsistantes pour l'instruction et jugement desquelles ces registres et pièces seraient nécessaires.

Changement dans le taux des droits.

En cas de nouvelle fixation de droits, ceux imposés par la loi en vigueur au moment de la déclaration de consommation, sont seuls exigibles. Les nouveaux droits ne sont dus que du jour où , soit la loi , soit l'ordonnance qui les impose , devient exécutoire dans la localité où la déclaration est reçue. Ainsi, la marchandise déclarée *pour la consommation* , avant que la publication d'une nouvelle taxe soit consommée , n'est sujette qu'à l'ancien droit , quoique le déchargement et la vérification puissent être postérieurs à cette promulgation.

Dans les bureaux des frontières de terre où la déclaration de consommation a été précédée d'une *déclaration sommaire* faite au premier bureau d'entrée , c'est la date du dépôt de cette dernière déclaration qui détermine , en cas de changement de droits , l'application de la taxe.

A l'égard des marchandises *entreposées* , on applique invariablement le Tarif qui se trouve en vigueur au moment où la déclaration de sortie d'entrepôt est enregistrée , ou au moment de l'expiration du délai primitivement accordé ou prolongé.

Contestation sur l'application des droits.

En cas de contestation entre les propriétaires ou consignataires des marchandises, et les employés des Douanes sur la quotité du droit à imposer, les droits présumés exigibles doivent être provisoirement consignés, et l'on recourt ensuite à la décision des commissaires experts, institués par la loi de 1822, et chargés par elle de statuer définitivement sur les doutes et difficultés qui peuvent s'élever relativement à l'espèce, à l'origine ou à la qualité des produits.

Liquidation des droits.

Les droits se liquident soit sur le poids brut de la marchandise, soit d'après sa valeur, sa mesure ou sa quantité, suivant qu'elle est imposée au Tarif sur l'une ou l'autre de ces bases.

A l'égard de celles qui acquittent sur le poids net, la loi, dans l'intérêt du Commerce, et pour lui éviter des déballages toujours dispendieux et quelquefois même impossibles, a réglé la quotité de la tare qui pourrait être déduite du poids brut ou net de chaque colis, et selon son espèce. Le tableau ci-après donne toutes les fixations autorisées.

Au reste, le Commerce, quand il le croit préférable, a toujours la faculté de faire peser à nu la marchandise, il lui suffit d'en indiquer l'intention, en énonçant le poids net dans sa déclaration au lieu du poids brut.

Tares de Convention, *dites* **légales**, *accordées par la Douane, pour les Marchandises tarifées au poids net, et déclarées par le Commerce au poids ort ou brut.*

Sucre brut	Caisses ou futailles	15 p. o/o
	Balles ou sacs revêtus de plusieurs enveloppes	4 p. o/o
	Dito, renfermant le Sucre à nu.	2 p. o/o
Sucre terré, Café (*), Cacao et Poivre	Caisses ou futailles	12 p. o/o
	Balles ou sacs	3 p. o/o
	dito renfermant du sucre terré.	2 p. o/o
Indigo	Caisses ou futailles renfermant un sac de peau	21 p. o/o
	Dito un sac de toile	14 p. o/o
	Dito l'indigo à nu	12 p. o/o
	Surons	9 p. o/o
	Sacs de toile	2 p. o/o
Coton en laine, de Turquie	Ballots et ballotins revêtus de deux emballages en nattes ou en poil de chèvre seulement	10 p. o/o
Dito, d'autre origine	Ballotins au-dessous de 5o kilog.	8 p. o/o
	Ballots de 5o kilog. et au-dessus.	6 p. o/o
Potasses, Perlasses, Guédasses, etc.	Futailles	12 p. o/o
Anchois	Petits barils de 3 kilog. chaque	6ᵉ du pᵈˢ
Dentelles, ouvrages et tissus de soie, d'or et d'argent		
Soies teintes et Plumes apprêtées	Toute espèce de colis	Le poids net doit en être déclaré.
Nankin jaune des Indes		
Toutes autres marchandises.(**)	Caisses ou futailles	12 p. o/o
	Balles, ballots, sacs, paniers, colis à claire-voie	2 p. o/o

(*) Le café importé en cérises ou en parchemin, obtient sur son poids net une surtare réglée par l'Administration des douanes, d'après échantillons qu'on lui adresse.

(**) Le musc importé en vésicule jouit d'une tare de 35 pour %; mais les vésicules vides et les queues de rats musqués n'ont que la tare ordinaire.

2

Vérification des Marchandises.

Elle a lieu soit à la Douane, soit à tel autre endroit convenu entre l'Administration des Douanes et le Commerce, mais jamais elle n'est autorisée dans les magasins particuliers des Négocians.

La vérification peut, au gré de l'employé qui en est chargé, porter sur le poids, le nombre, l'espèce ou la mesure de la marchandise, et n'a lieu qu'en la présence du déclarant ou de son facteur. Le refus de la part de l'un ou de l'autre d'y assister, ferait reléguer la marchandise au dépôt, où elle serait considérée comme abandonnée.

Le transport, déballage, remballage et pesage des marchandises conduites à la visite, sont aux frais des propriétaires.

Paiement des Droits au comptant et à terme.

Les droits sont dus sur les quantités constatées par la vérification. Ils se paient ou au comptant, ou à de certains termes (*).

Dans le premier cas, le redevable jouit d'un escompte calculé pour quatre mois, à partir du jour de la liquidation, et réglé à raison de 4 p. % par an. Mais pour jouir de cet escompte, il est nécessaire que la liquidation s'élève à plus de 600 f. Toutefois un déclarant a la faculté, pour atteindre à ce taux exigé, de cumuler le montant de plusieurs liquidations, pourvu qu'elles soient *du même jour*.

Dans le second cas, le Receveur de la Douane a droit, sur la somme dont il accorde crédit, à une remise *d'un tiers pour cent*.

Nul crédit ne peut être accordé qu'autant :

1° Que les droits à payer s'élèvent pour chaque liquidation à plus de 600 f.;

2° Que ceux qui demandent le crédit sont agréés par le Receveur de la Douane, responsable envers le Trésor de leur solvabilité;

3° Que les traites, quand elles sont créées par les redevables, sont garanties par une ou plusieurs cautions, au gré du Receveur, et ne présentent aucune addition de centimes;

4° Enfin, que chaque effet de commerce offert en paiement ne s'élève pas à plus de 10,000 f., et soit endossé par une ou plusieurs personnes reconnues solvables.

Les traites créées par le Commerce doivent être sur papier timbré, en sommes rondes, à terme fixe et dans les limites des réglemens, transmissibles par voie d'endossement, et payables au domicile du Receveur-Général, ou des Receveurs d'arrondissement du département, à moins qu'il ne s'agisse de traites payables à Paris. Quant

(1) A l'exception de ceux de sortie qui sont toujours dus au comptant.

aux billets à ordre, ils doivent être dans la forme prescrite par l'article 187 du Code de commerce; les lettres de change doivent être acceptées.

La durée des crédits est fixée :

Pour les sucres destinés aux raffineries françaises, à six mois ;

Pour la Mélasse de nos Colonies, à six mois;

Pour le Plomb et le Minium destinés aux fabriques de céruse, à six mois ;

Et pour toutes autres marchandises, à quatre mois.

Remboursement des Droits indûment perçus.

Lorsqu'un Droit a été irrégulièrement ou indûment appliqué et perçu, la Douane, à qui l'on doit remettre la quittance de cette fausse perception, établit au dos de cette pièce, une nouvelle et exacte liquidation, et l'adresse ensuite au Directeur de l'Administration à Paris, pour être autorisée à rembourser le *trop perçu*.

Si la quittance se trouvait perdue, il faudrait en réclamer *un duplicata*, et après sa délivrance et sa rectification, souscrire l'engagement cautionné de restituer la somme réclamée, si, dans l'espace des deux ans de la date de la quittance, le porteur de l'acquit original venait à son tour à en réclamer le remboursement.

DES IMPORTATIONS.

Toute Marchandise tarifée n'est pas, pour ce fait même, admissible par tous les ports et par tous les bureaux des frontières de terre.

Les Marchandises dont la nomenclature est ci-après, et toutes celles provenant des Colonies Françaises, ne peuvent être introduites en France que *par mer* (*), ni être reçues que dans les seuls ports d'entrepôt réel (**). Ces marchandises sont les Bois exotiques d'Ébénisterie et de Teinture de toutes sortes, Baumes, Cacao, Cachou, Café, Camphre, Cannelle et Cassia-Lignea, Caout-chouc, Cochenille, Coton en laine, Dents d'Éléphant et autres analogues, Écaille de Tortue, Girofle, Gommes exotiques, Indigo et ses assimilations, Kermès, Laque naturelle, Macis, Muscades, Nacre de perle, Nankin des Indes, Opium, Orseille violette, Piment, Poivre, Quercitron, Résineux exotiques, Rocou, Suc d'aloës, Sucre brut et terré, Tabacs en feuilles et Thé.

(*) Il y a exception pour la Cochenille dont l'entrée est permise par les bureaux de terre de Bourg-Madame, le Perthus, Ainhoa et Béhobie, et pour Strasbourg qui admet en entrepôt et au transit pour la Suisse, une grande partie des denrées coloniales, quand elles y arrivent par la rivière d'Ill et le Rhin, et qu'elles ont été chargées à Mayence, ou en aval de cette ville.

(**) Ces ports sont ceux d'Arles, Marseille, Cette, Port-Vendre, Bayonne, Bordeaux, la Rochelle, Nantes, Lorient, le Légué, Saint-Malo, Morlaix, Cherbourg, Caen, Granville, Rouen, le Havre, Honfleur, Dieppe, St.-Valery-sur-Somme, Boulogne, Calais et Dunkerque. —— Saint-Martin (île de Rhé) possède aussi un entrepôt réel, mais qui n'est pas ouvert aux denrées coloniales.

L'admission de celles imposées à l'entrée à plus de 20 f. par 100 kil. est restreinte également aux ports d'Entrepôt réel, à ceux d'Antibes, Cannes, Saint-Raphaël, Agde, La Nouvelle, Saint-Jean-de-Luz, Charente, Saint-Martin, (île de Rhé), Marans, les Sables, Quimper, Saint-Servan et Roscoff, et aux bureaux de terre de Dunkerque par *Zuidcotte*, Armentières par *la Lys*, Lille par *Bousbeck*, *Halluin* et *Baisieux*, Condé, Valenciennes, Blanc-Misseron, Maubeuge, Givet, Rocroy, Charleville, Sedan par *Saint-Menge* ou *la Chapelle*, Longwy, Thionville par *Roussy*, Sierck, Bouzonville, Tromborn, Forbach, Sarreguemines par *Grossbliedestroff* et *Frauenberg*, Wissembourg, Lauterbourg, Strasbourg, l'île de Paille, Saint-Louis, Delle, Jougne, Verrières de Joux, les Rousses, Bellegarde, Seyssel, Pont-Beauvoisin, Chapareillan, Mont-Genèvre, Saint-Laurent-du-Var, Perpignan par *le Perthus*, Bourg-Madame, Bedous par *Urdos*, Saint-Jean-Pied-de-Port, Ainhoa et Béhobie.

Les denrées coloniales dénommées ci-dessus ne peuvent encore être importées que sur des navires Français, jaugeant au moins 60 tonneaux, si elles proviennent des Colonies Françaises, et sur des bâtimens de 60 tonneaux au moins pour l'Océan, et de 40 tonneaux au moins pour la Méditerranée, à l'égard de celles venant de l'étranger. Les *Tabacs en feuilles* ne peuvent l'être que sur des navires au-dessus de 100 tonneaux. Toutefois, il y a exception pour :

Le port de Bayonne qui peut recevoir toutes marchandises venant des ports situés en deçà du cap Finistère, sur des bâtimens de 25 tonneaux ;

Et pour ceux de la Méditerranée où les denrées coloniales venant d'Espagne peuvent être admises sur des navires Espagnols de 24 tonneaux.

Marseille, Cette et Bayonne reçoivent encore les Tabacs en feuilles destinés à l'entrepôt, sur des bâtimens de 50 tonneaux.

Les marchandises *prohibées* à *l'entrée* ne sont reçues pour *l'entrepôt*, ou le *transit*, que dans les seuls ports de Marseille, Bayonne, Bordeaux, Nantes, le Havre, Calais, Boulogne et Dunkerque, et par les seuls bureaux de terre de Dunkerque par *Zuidcotte*, Blanc-Misseron, Longwy, Sierck, Forbach, Lauterbourg, Wissembourg, Strasbourg, Saint-Louis, Verrières de Joux, les Rousses, Bellegarde, Pont-Beauvoisin, Béhobie et Perpignan en entrant par le Perthus. Celles introduites par mer, ne sont admises, en outre, qu'autant qu'elles arrivent sur des navires au-dessus de 100 tonneaux (sauf à Bayonne où elles peuvent être importées sur des bâtimens de 40 tonneaux), qu'elles n'excèdent pas le dixième de la valeur du chargement, et qu'elles figurent au manifeste de la cargaison sous leur véritable appellation.

L'importation *par terre* des articles suivans, quoique imposés à des droits inférieurs, est cependant restreinte aux seuls bureaux ouverts aux marchandises payant plus de 20 f. par 100 kil. Ce sont les Boissons en général, Chapeaux, Cendres de Sicile, Cornes en feuilles, Cuivre de toute sorte pur ou allié, Dentelles, Feutres, Fonte et Fer en barres et ouvré, Glaces, Gommes pures d'Europe, Horloges en bois, Huile d'olive commune, Instrumens de toute sorte, Machines et Mécaniques, Natrons, Ouvrages de mode, Objets de collection, Parapluies et Parasols, Pelleteries, Planches gravées, Potasse, Poterie de toute espèce, Soies, Soudes et autres Sels, Tartre brut, et Vannerie.

Néanmoins, il peut être importé par tous les bureaux de terre indistinctement :

     5 Kil. de Fil, et de toute sorte de Rubannerie et Passementerie;

     25 Kil. de Fil ou de Toile, de lin et de chanvre écrus;

     50 Kil. de Fer, d'Outils de pur fer ou de fer rechargé d'acier, d'Instrumens aratoires, Limes, Râpes et Scies;

Il est d'ailleurs, pourvu, quant aux matières à fabriquer, par des mesures administratives, aux exceptions qu'exige la position des fabriques.

Marchandises et Denrées provenant du Commerce Anglais.

Par suite du traité de navigation conclu avec l'Angleterre le 8 février 1826, les marchandises provenant de l'Angleterre, et importées en France par navires Anglais et autres, sont passibles les unes d'immunités, les autres de prohibition. Le petit tableau suivant résume toutes les dispositions de ce traité encore en vigueur.

Marchand. d'Europe prises.....	Dans les ports d'Angleterre ou de ses possessions en Europe....	Importées par navires anglais, *paient mêmes droits que par navires français* (*).
	Dans les autres ports d'Europe..	Importées par navires anglais, *sont prohibées à la consommation.*
Marchandises d'Asie, d'Afrique et d'Amér. prises	En Angleterre ou dans ses possessions d'Europe......	Importées par navires français, anglais et tous autres, *sont prohibées à la consommation.*
	En Europe, en Asie, en Afrique ou en Amérique	Importées par navires anglais, *sont prohibées à la consommation.*

Marchandises du sol et de l'Industrie des États-Unis et du Brésil.

Tous les produits naturels et manufacturés (à l'exception des Cuivre, Plomb, Étain, et des produits de pêche non fabriqués), importés directement en France des ports de l'Union par navires Américains, et les marchandises du sol et de l'industrie Brésillienne arrivant par navires Brésilliens, ne sont passibles que des droits dont

---

(*) A la condition de justifier de leur origine anglaise, soit par la représentation des expéditions de sortie de la Douane anglaise, soit par le visa de l'Agent consulaire français, apposé au manifeste de la cargaison.

ils seraient frappés, s'ils étaient importés par navires Français. Mais pour jouir de ce privilége, les capitaines doivent, pour les importations des États-Unis, justifier de la provenance directe des produits par un manifeste spécial du Collecteur des douanes Américaines, revêtu de la légalisation du Consul de France; et pour ce qui concerne les importations du Brésil, produire des certificats d'origine délivrés par les Agens des douanes des ports d'embarquement, et attestés par les Consuls ou Vice-Consuls Français, ou par l'Autorité locale, s'il n'existe pas d'Agent consulaire.

DES EXPORTATIONS.

Toute denrée ou marchandise provenant de France, autre que celles dont la loi prohibe la sortie pour cause d'intérêt national, peut être exportée pour les pays étrangers, sans restriction aucune, et moyennant le paiement du droit imposé à sa sortie par le tarif. (*)

Les vivres et provisions destinés à la nourriture des équipages et des passagers embarqués à bord des *navires Français* faisant voile pour l'étranger, sont affranchis de tous droits et de toute prohibition de sortie. Ceux destinés aux *bâtimens Étrangers* paient simplement, savoir :

Grains, Farines, Pain, Pommes de terre, et Légumes secs, par 100 kil. brut..	$»^f$	25^c
Viandes fraîches, par 100 kil. brut.........................	3	»
dito salées *id*.................................	»	25
Futailles vides montées, pour l'usage du bord, par hectolitre de contenance..	»	50
Charbon de bois, par 100 kil. brut.........................	1	»
Fourrages pour les animaux embarqués, par 100 kil. brut......	»	50
Cordages usés, décâblés ou non, comme étoupes, *id*..........	»	25

Le Biscuit de mer est exempt de tout droit de sortie.

Tous les bureaux de douane établis aux frontières sont ouverts à l'exportation; mais lorsque les marchandises arrivent de l'intérieur, c'est au bureau de 2me ligne, c'est-à-dire à celui qui est le plus rapproché de l'intérieur, et par lequel elles entrent dans le rayon frontière, que la déclaration et le paiement des droits doivent être faits. Dans tous les autres cas, c'est au bureau établi dans la localité d'où sont expédiées

(*) Les marchandises expédiées aux colonies françaises, et celles destinées à nos comptoirs et établissemens de l'Inde et d'outre-mer, sont exemptes des droits de sortie. Celles jouissant de primes de sortie (sauf les beurres et viandes salées exportées par mer et le sel ammoniac) en sont pareillement affranchies.

les marchandises, ou s'il n'y en existe pas, au premier bureau qu'elles rencontrent sur leur route directe vers l'étranger, que cette déclaration doit être remise.

Traitement des Marchandises Françaises en Angleterre et dans ses Colonies.

Toutes marchandises et tous objets de commerce légalement importés des ports de France dans les ports de l'Angleterre, et qui y sont apportés sur navires Français, n'y sont pas assujettis à des droits plus élevés que s'ils étaient importés sur navires Britanniques. Sont exceptés de cette disposition, les produits de l'Asie, de l'Afrique et de l'Amérique, qui ne peuvent être exportés de France en Angleterre sur des navires Français ou autres que pour l'entrepôt et la réexportation.

Les navires Français peuvent faire voile de quelque port que ce soit des pays soumis à la domination de la France, pour toutes les Colonies du Royaume-Uni (excepté celles possédées par la Compagnie des Indes), et y importer tous les produits naturels et industriels français, à l'exception des *ouvrages en laine, en coton, en fer et en acier*, sur le même pied et aux mêmes conditions que les bâtimens Anglais eux-mêmes. Pour jouir de cette faveur, les Capitaines doivent être porteurs à leur arrivée, d'un certificat visé par le Consul Anglais du port d'où l'expédition a eu lieu, constatant que : « le navire n'a pas payé à son départ de France, de moindres droits « de sortie sur les marchandises de la cargaison, que n'en aurait payé un bâtiment « Anglais. »

Traitement des Marchandises Françaises aux États-Unis.

Les produits naturels ou manufacturés de France importés aux États-Unis sur bâtimens Français, y sont assujettis aux mêmes droits payés sur ces mêmes produits quand ils sont importés par navires des États-Unis. Il suffit de justifier de l'origine de ces produits par un manifeste spécial délivré par la Douane de sortie, et revêtu de la légalisation du Consul Américain en France. Aucun droit différentiel n'est levé sur les produits du sol et de l'industrie de France ainsi importés par navires Français, pour transit ou réexportation ultérieurs.

Traitement des Marchandises Françaises au Brésil.

Il résulte d'un traité conclu entre la France et le Brésil, le 8 janvier 1826, que tous les produits, marchandises et articles quelconques de production, fabrique et industrie Françaises paient les mêmes droits que les nations les plus favorisées (le Portugal excepté), quand ces produits sont importés directement de France au Brésil par navires Français ou Brésilliens, et qu'ils y arrivent accompagnés de certificats d'origine délivrés par la Douane du lieu du départ, et d'un manifeste de sortie certifié par le Consul Brésillien.

DES ENTREPOTS.

Les marchandises et denrées de toute espèce, importées soit de l'étranger, soit des colonies françaises et étrangères peuvent, quand elles ne sont pas destinées ou propres à la consommation immédiate, être admises en Entrepôt, soit pour y attendre ce moment, soit pour être réexportées ou expédiées en transit pour d'autres pays étrangers. Cette admission a lieu en franchise de tous droits d'entrée. Celui qu'elles paient à leur sortie, quand elles ne sont point mises en consommation, n'est qu'un simple droit de balance.

L'Entrepôt est ou *réel* ou *fictif.*

On nomme *Entrepôt réel* celui où les marchandises demeurent sous la double clé du Commerce et de la Douane (Voyez, page 11, en note, les ports où il existe des Entrepôts réels).

L'*Entrepôt fictif* est le magasin du déclarant lui-même, ou tout autre dans lequel il a la faculté de placer ses marchandises, sans qu'elles y soient sous la clé de la Douane, mais sous la condition de répondre de tous vols, soustractions, pertes, etc.

On admet au bénéfice de l'*Entrepôt fictif* toutes les denrées provenant des colonies françaises (sauf les liquides) qui jouissent au tarif d'une modération de droits, et les objets d'encombrement, ci-après dénommés, qui sont importés des pays étrangers, savoir :

Importés par navires français ou étrangers, sans distinction.

Ardoises pour toiture.	Cotons en laine.
Avirons et rames.	Futailles vides.
Balais communs.	Grains, excepté le riz.
Bois communs pour la construction, mâts, esparres, pigouilles, etc.	Marbres bruts et ceux ouvrés non dénommés au tarif.
Bois en perches, échalas, éclisses, feuillard et merrain.	Meules à aiguiser et à moudre.
	Osier en bottes.
Briques, tuiles et carreaux en terre.	Racines de réglisse.

Importés par navires français, seulement.

Chanvre tillé ou peigné, et étoupes de chanvre.	Poix, galipot, goudron et brai sec.
Cordages de tilleul, sparte, joncs et herbes.	Peaux fraîches et sèches, grandes et petites.
Ecorces de tilleul.	Potasse des pays hors d'Europe.
Graines de prairie.	Soude.
Natrons.	Soufre brut et épuré.
	Sparte brut et autres joncs communs.

Les Entrepôts de Marseille sont sous un régime tout spécial à ce port.

Il existe aussi des Entrepôts réels aux frontières et dans l'intérieur. La création de celui de Lyon remonte à 1806; Paris s'occupe de la construction et de l'établissement du sien; et Orléans, Strasbourg et Metz jouissent de la faculté d'entrepôt.

Il y a Entrepôt de marchandises prohibées de *toute nature* dans les seuls ports de Marseille, Bayonne, Bordeaux, Nantes, le Havre et Dunkerque.

La durée de l'Entrepôt *réel* et du *prohibé* est de trois ans; celle de l'Entrepôt *fictif* est d'une année seulement, mais ces délais peuvent être prolongés sur la demande des Entrepositaires.

DU TRANSIT.

Le Transit est le passage, par le territoire français, d'une marchandise étrangère expédiée d'un port d'Entrepôt pour sortir par un bureau frontière, ou entrant par un bureau frontière pour sortir par un port d'Entrepôt réel, ou par un autre bureau de terre, ou bien encore dirigé, de l'un de ces deux points, sur un Entrepôt de l'intérieur.

Les denrées coloniales dénommées à la page 11 (titre des Importations), et dont l'entrée est restreinte aux seuls ports maritimes d'Entrepôt réel, ne sont pas admises à transiter des bureaux frontières sur d'autres bureaux de terre ou sur les ports d'Entrepôt réel, mais seulement de ceux-ci sur les bureaux de terre et les Entrepôts intérieurs.

D'une autre part sont exclues de la faculté du transit en *tous sens* les marchandises ci-après, savoir :

Animaux vivans.
Viandes.
Poissons.
Tabac fabriqué ou autrement préparé.
Drilles.
Matériaux non emballés, notamment :
Engrais, marne et charrée.
Plâtre, ardoises, briques, tuiles.
Minerais de toute sorte.
Limailles.

Fluides et liquides de toute sorte, notamment :
Graisses (sauf le suif et autres graisses à l'état concret).
Les huiles (sauf celles d'olive et de palme concrètes). (*)
Boissons.
Mélasse, sirop, sorbets et confitures.
Miel (sauf celui à l'état concret.)
Beurre.

(*) Les huiles de colza, de navette, d'oliette, de pavot et de lin, peuvent être importées par les bureaux de Wissembourg, Lauterbourg et Strasbourg, pour ressortir par ceux de St-Louis, Verrières de Joux et des Rousses, ou par celui de Strasbourg.

Médicamens.

Produits chimiques.

Couleurs, teintures et vernis.

Bitumes.

Fonte de fer.

Fer étiré (sauf celui qui sera soumis à un estampillage et aux précautions que l'administration pourra déterminer).

Tresses et chapeaux de paille et d'autres végétaux.

Sucre raffiné et confiseries.

Voitures.

Armes de guerre, balles de calibre, et poudre à tirer (sauf les autorisations spéciales que le gouvernement pourra accorder).

Sel marin, de saline ou sel gemme.

Chicorée moulue.

Les marchandises *non prohibées* destinées au Transit ne peuvent être présentées pour suivre cette destination que dans les ports d'Entrepôt réel ou dans les bureaux des frontières de terre suivans, savoir :

* Dunkerque, par Zuidcotte.
Lille, par Halluin et Baisieux.
Valenciennes par Blanc-Misseron.
* Blanc-Misseron.
Givet.
Sedan, par Saint-Menge et La Chapelle
* Longwy.
Thionville, par Roussy et Sierck.
* Sierck.
* Forbach.
Sarreguemines.
* Lauterbourg.
* Wissembourg.
* Strasbourg.
Huningue (lorsque le canal sera livré à la navigation).

* Saint-Louis.
Delle.
* Verrières de Joux.
Jougne.
* Les Rousses.
* Bellegarde.
* Pont-de-Beauvoisin.
Chapareillan.
Saint-Laurent-du-Var.
Bedous, par Urdos.
* Béhobie.
Ainhoa.
Saint-Jean-Pied-de-Port, par Arneguy.
* Perpignan, par Perthus, seulement pour l'entrée; Perthus, Bourg-Madame et Port-Vendre, pour la sortie.

Le Transit des marchandises *prohibées à l'entrée* ne peut avoir lieu que par l'un des bureaux ci-dessus marqués d'un astérique, ou par l'un des ports de Marseille, Bayonne, Bordeaux, Nantes, le Havre, Calais, Boulogne et Dunkerque.

Les marchandises *prohibées* admises en entrepôt ou en dépôt dans ces ports, et qui n'auraient pas été expédiées pour le transit, *dans le mois de leur arrivée*, perdent cette faculté, et ne peuvent plus être réexportées que par mer.

Les marchandises, ci-après dénommées, ne peuvent transiter qu'*accompagnées d'échantillons* qui sont mis en boîtes séparées, scellées du plomb de la Douane, et que le conducteur est tenu de **représenter** au bureau de sortie, sous peine de voir refuser la décharge de l'acquit-à-caution. Ce sont :

Toutes marchandises atteintes d'avarie.
Laines.
Grains et farines.
Sucres bruts ou terrés.
Cacao.
Cafés d'une qualité très-inférieure ou mélangés de grains noirs.
Cannelle fine.
Cochenille.
Vanille.
Tabacs en feuilles.

Huile d'olive.
Fils de coton, de laine et autres prohibés.
Tulle de lin, de coton ou de soie.
Tissus de laine ou mélangés de laine, en pièces.
Tissus de soie, de bourre de soie et de fleuret, en pièces.
Tissus de coton ou mélangés de coton, en pièces.

Le conducteur d'une marchandise expédiée en transit est encore dans l'obligation de présenter cette marchandise au bureau des douanes de 2ᵐᵉ ligne par lequel il entre sur le territoire des quatre lieues frontières, ou à celui par lequel il en sort, afin de faire viser l'acquit-à-caution dont il est porteur, et ce, sous peine d'une amende de 500 fr.

Le droit de transit est uniformément fixé à 25 centimes par 100 kil. brut; mais sans addition du second emballage, ou 15 centimes par 100 f. de valeur au choix du déclarant.

Chaque espèce de marchandise doit être présentée en colis en bon état, et séparément par espèce et qualité, suivant les distinctions du tarif; de manière qu'une espèce forme seule le contenu d'un colis, à moins que dans l'intérieur des caisses il n'y ait des compartimens pour séparer les marchandises d'espèce ou de qualité différentes, ou que dans les autres colis chacune de ces marchandises n'ait un emballage particulier.

Les colis renfermant des fabrications prohibées ou autres, ainsi que les articles ci-après désignés, sont assujettis à un double plombage, et par conséquent à un double emballage. Ces derniers articles sont les

Cacao.
Cannelle.
Chanvre et lin.
Cochenille.
Cuivre non ouvré.
Ecorces médicinales.
Feuilles et follicules de Séné.
Fils de toute sorte.
Girofle.
Indigo.
Ipécacuanha.

Jalap.
Joncs.
Macis et Muscades.
Orseille.
Pierres.
Piment et Poivre.
Plumes.
Poils non filés.
Rhubarbe.
Safran.
Salsepareille.
Thé.

Toute expédition de transit a lieu sous la formalité de l'acquit-à-caution. Par cet acte, l'expéditeur s'oblige de faire sortir la marchandise par le bureau et dans le délai fixés , et d'en justifier en rapportant l'acquit-à-caution dûment revêtu du certificat de sortie et de décharge , sous peine, s'il s'agit d'objets non prohibés, de payer le quadruple des droits d'entrée et une amende de 500 f. , ou la valeur des marchandises et une amende égale au triple de cette valeur, s'il s'agit d'articles prohibés à l'entrée.

DE LA RÉEXPORTATION.

Aucune marchandise étrangère ou coloniale ne peut être réexportée soit des entrepôts réels et fictifs, soit des ports ouverts au transit , que sur des navires de 60 tx. au moins pour l'Océan, ou de 40 tonneaux au moins pour la Méditerranée. Le port de Bayonne a toutefois la faculté d'employer des bâtimens de 25 tonneaux , pour ce qui s'en réexporte en deçà du cap Finistère, comme aussi ceux de Marseille et de Cette peuvent se servir de navires de 25 tonneaux pour les côtes d'Espagne dans la Méditerranée, et de 40 tonneaux pour tous les autres ports.

L'embarquement et la réexportation *des marchandises prohibées* ne peuvent avoir lieu que sur bâtimens jaugeant au moins 100 tx. Elles peuvent cependant se réexporter à Bayonne sur des navires de 40 tonneaux , et même de 25 tonneaux , quand il n'existe pas dans ce port de bâtiment du premier tonnage ; à Marseille , sur des navires de 40 tx. pour les marchandises à destination de l'Espagne et de l'Italie , et à Bordeaux , sur des bâtimens de 60 tonneaux lorsqu'il s'agit d'une expédition pour l'Espagne.

Les réexportations par mer s'effectuent de deux sortes :

Par un simple permis qui accompagne la marchandise jusqu'à la mise en mer du navire ;

Par acquit-à-caution quand il s'agit de marchandises destinées pour nos Colonies , nos établissemens en Afrique et dans l'Inde, et autres où elles sont reçues en franchise de droits.

Dans le premier cas, c'est-à-dire , lorsque la réexportation se rapporte à des marchandises tarifées ou prohibées sortant de nos entrepôts à destination de l'étranger , le permis qui les accompagne doit être rapporté au bureau qui l'a délivré, revêtu du certificat de la mise en mer du navire avec la marchandise à son bord , sous peine d'amende et du paiement de la valeur de cette marchandise. (*)

Dans le second cas , les marchandises sont accompagnées d'un acquit-à-caution qui doit être rapporté déchargé par les autorités locales des ports de destination et dans les délais fixés , à peine par les soumissionnaires de payer le double des droits d'entrée.

(*) Dans les ports de Bayonne, Bordeaux et Nantes , situés sur des rivières affluentes à la mer , ce permis porte obligation d'être revêtu non-seulement du visa des préposés du bas de ces rivières attestant le départ du navire et de la marchandise pour l'étranger, mais encore celle de la décharge de ce même permis dans l'un des bureaux du Boucau , Pauillac ou Paimbœuf, selon le point de départ.

TARIF

DES

Droits d'Entrée et de Sortie.

EXPLICATIONS NÉCESSAIRES
à l'intelligence du Tarif.

1re COLONNE. — Elle donne la dénomination des marchandises telle qu'on doit l'énoncer dans les déclarations de détail, et presque toujours sous l'appellation qui leur est habituelle dans le commerce.

La loi gradue souvent le droit d'entrée d'après l'origine des marchandises. Ainsi, elle taxe diversement *le Café* selon qu'il est importé :

Des *Colonies françaises au-delà ou en deçà du Cap*;

De l'*Inde*;

Des autres *pays hors d'Europe*;

Ou des *Entrepôts*.

Par *Colonies au-delà du Cap*, on veut désigner l'île Bourbon ; par celles *en-deçà du Cap*, on entend les Antilles, le Sénégal, et la Guiane française.

L'*Inde* comprend ici non-seulement les établissemens et comptoirs français et étrangers, situés en Asie au-delà du Cap de Bonne-Espérance, mais encore toutes les contrées de l'Amérique à l'ouest du Cap Horn.

La dénomination de *pays hors d'Europe* s'étend à tous les ports situés hors d'Europe, autres que ceux de nos colonies et des pays situés au-delà des deux Caps, quand le tarif en distingue ces derniers.

Enfin par marchandises tirées *des Entrepôts*, on doit entendre non les denrées sortant pour la consommation de nos Entrepôts de France, mais celles importées de tous les ports étrangers d'Europe, indistinctement, y compris même ceux situés dans les îles ou sur les côtes de la Méditerranée, mais à l'exception toutefois des ports du Levant et de la Mer-Noire, dont les importations sont traitées comme celles effectuées *des pays hors d'Europe*.

Lorsqu'on ne trouve pas dans cette première colonne, la marchandise dont on cherche la taxe, il faut recourir à la colonne des *renvois et assimilations* où elle doit nécessairement se rencontrer.

2me COLONNE. — Elle indique la base ou l'unité sur laquelle le droit est établi soit pour l'entrée, soit pour la sortie.

Une marchandise est taxée au poids brut ou au poids net, à la valeur ou au nombre ou bien encore à la mesure. Les lettres B.B. placées après le chiffre 100 k. ou 1 k. signifient que la marchandise paie à raison de 100 kil. *poids brut*, tant à l'entrée qu'à la sortie ; celles N.B. qu'elle acquitte *au net* à l'entrée, et *au brut* à la sortie, et *vice versâ* ; et celles N.N. que le droit porte sur le *poids net* à l'entrée, comme à la sortie. — Les mots 100 en N. 1000 en N., veulent dire 100 ou 1000 en nombre.

3me 4me 5me Colonnes — Elles sont réservées à l'indication du chiffre des taxes.

La première donne le droit d'entrée à payer sur les marchandises importées par navires français; la deuxième, celui imposé sur les importations effectuées par bâtimens étrangers et par terre; la troisième, est relative aux droits de sortie qui sont toujours invariables, quel que soit le mode de transport soit par mer, soit par terre.

6me Colonne. — Nous avons dit que lorsqu'on ne rencontrait pas dans la première colonne (*Nomenclature*) la marchandise dont on voulait connaître les droits, il fallait la rechercher dans la colonne des *renvois et assimilations* où elle se trouvait immanquablement. Ainsi, on n'a pas découvert, dans celle-là, les aiguilles à coudre dont on a besoin de savoir la taxe, mais on les trouvera dans celle des renvois, suivies du signe — et de cette autre indication *Mercerie fine*; ce qui signifie que les aiguilles à coudre paient comme la mercerie fine, à laquelle il est renvoyé pour en connaître le droit.

7me et dernière Colonne. — Les notes explicatives qu'elle renferme sont toutes assez importantes pour qu'on ne doive jamais négliger d'y recourir, et de les consulter attentivement chaque fois qu'il y est renvoyé par *les Lettrines* du texte.

OBSERVATION ESSENTIELLE. — Tous les droits repris au Tarif sont passibles de l'addition d'un décime par franc, c'est-à-dire, qu'ils sont augmentés, dans la perception, d'un dixième, ou en d'autres termes que le droit de 30 fr., par exemple, est en réalité, par suite de l'addition *du décime*, de 33 fr., etc. etc.

PROHIBITIONS D'ENTRÉE.

Acier ouvré.

Armes de guerre.

Bâtimens de mer.

Bijouterie en cuivre doré.

Bonneterie de coton, de bourre de soie, de laine, ou mélangée de ces matières.

Cartes à jouer.

Chicorée moulue.

Contrefaçons de librairie.

Chrômate de plomb ou jaune de chrôme.

Coutellerie.

Cuivre ouvré de toute sorte, et laiton filé, poli, et cuivre argenté ou doré, filé sur soie.

Curcuma en poudre.

Eaux-de-vie autres que celles de vin, de cerises et de mélasse des Colonies françaises.

Etain ouvré.

Fer forgé en massiaux ou prismes; ouvré, ou ouvrages en tôle, fer ou fer-blanc.

Ferraille et mitraille (sauf celles provenant de nos colonies).

Fil de coton, même mélangé.
de laine,
de poils, autres que de chien, de
chèvre et de plocs de vache et autres.
Fonte moulée, de toute sorte.
Horlogerie (ouvrages montés d').
Médicamens composés.
Mélasse, autre que celle de nos colonies.
Passementerie et rubannerie de coton, ou
mélangées de cette matière.
Peaux ouvrées.
Plaqués.
Plomb ouvré en balles du calib. de guerre.
Poterie de grès fin ou terre de pipe.
Poudre à tirer.
Produits chimiq. non dénommés au tarif.
Savons, autres que ceux de parfumerie.
Schakos garnis.
Sel marin et de salines.
Sellerie en cuir et autre (sauf les bâts
non garnis).
Sucre raffiné en pains, en poudre et candi.
Tabac fabriqué, à l'exception de celui de

provision, de santé ou d'habitude.
Tabac en feuilles (sauf celui destiné pour
la Régie).
Tapis de laine, autres que ceux dont la
duite est en fil de chanvre, ou dont
l'envers présente un canevas en
fil de chanvre.
Tabletterie (sauf les peignes et les billes de
billard).
Tissus de bourre de soie.
d'écorce, purs ou mélangés.
de laine, de coton ou mélangés de ces
matières (sauf quelques exceptions).
de l'Inde sans distinction de matière,
à l'exception du nankin jaune.
de poils (sauf la bonneterie et les
couvertures et tapis).
Tulle de toute sorte.
Verrerie (sauf quelques exceptions).
Voitures, à ressort, neuves ou vieilles
(sauf l'exception relative à celles
à l'usage des voyageurs).
Zinc ouvré.

PROHIBITIONS DE SORTIE.

Armes de guerre.
Bois à brûler et bois merrain de chêne.
Carton en feuilles.
Cendres de bois vives.
Charbon de bois (sauf quelques excep-
tions locales).
Chevaux entiers.
Drilles ou chiffons.
Écorces à tan (sauf quelques exceptions
locales).

Fil de mulquinerie.
Groisil ou verre cassé.
Limailles de cuivre et de laiton.
Minerais de cuivre et de fer.
Oreillons, ou rognures de peaux.
Peaux brutes de lapin et de lièvre.
Plomb en balles de calibre.
Poils en masse propres à la chapellerie ou
à la filature, et de chien, même filé.
Poudre à tirer (sauf celle nécessaire aux
armemens, et celle dite de traite).

4

NOMENCLATURE.	BASES des PERCEPTIONS.	DROITS D'ENTRÉE. par Navires Français.	par Navires Étrangers et par terre.	DROITS de SORTIE.
ABRUS (graines d') non percées (1)	100 k. B.B.	12 »	13 20	» 25
ABSINTHE (herbes ou tiges d')	id.	5 »	5 50	» 25
ACÉTATE de cuiv. non cristal., humide, (vert de gris.)	id.	13 »	14 30	
sec (d°) .	id.	31 »	34 10	2 »
cristallisé (verdet)	100 k. N.B.	41 »	45 10	
de fer	100 k. B.B.	40 »	44 »	» 25
de plomb cristallisé (2)	100 k. N.B.	70 »	76 »	
de potasse et de soude	id.	70 »	76 »	2 »
ACIDE arsénieux............	100 k. B.B.	15 »	16 50	» 25
benzoïque	100 k. N.B.	120 »	128 50	2 »
borique..........	100 k. B.B.	» 25	» 25	» 25
citrique, oxalique et tartrique	100 k. N.B.	70 »	76 »	2 »
muriatique, nitro-muriatique et phosphoriq.	id.	62 »	67 60	
nitrique (3)	id.	90 60	98 60	» 25
sulfurique (3)	id.	41 »	45 10	
ACIER naturel et de cémentation, en barres ou tôle	id.	60 »	65 50	
filé	id.	70 »	76 »	
fondu en barres	id.	120 »	128 50	» 25
en tôle ou filé.	id.	140 »	149 50	
ouvré............	100 k. B.	prohibé. (4)	prohibé. (4)	
AGARIC amadouvier brut	100 k. B.B.	1 »	1 10	
préparé. Amadou.....	id.	13 »	14 30	» 25
de mélèse	id.	17 »	18 70	
AGATES brutes	id.	15 »	16 50	
ouvrées. Chiques........	id.	20 »	22 »	» 25 les 100 k.
autres (5)	1 k. N.B.	2 »	2 20	
AGRÈS et apparaux de navires (6)	la valeur.	10 p.%	10 p.%	5 p. %
AIL...........	100 k. B.B.	5 »	5 50	» 25
ALANA ou tripoli...........	id.	5 »	5 50	» 25
ALBATRE brut ou en poudre......	id.	4 »	4 40	» 05
sculpté, moulé ou poli	id.	40 »	44 »	» 01
ALLUMETTES (7)...........	id.	5 »	5 50	» 50
ALOÈS (bois d')..........	100 k. N.B.	100 »	107 50	» 50
(filasse d')..........	100 k. B.B.	30 »	33 »	» 25
(suc d') (8)..........	100 k. N.B.	60 »	65 50	
ALPISTE (espèce de Millet)........	100 k. B.B.	10 »	11 »	1 »

RENVOIS ET ASSIMILATIONS.	NOTES EXPLICATIVES.

Abaca ou chanvre de Manille —— Chanvre ordinaire, selon l'espéce.

Abeilles, V. Ruches.

Abelmosche (graine d') —— Fruits médicinaux.

Ablette (écailles d') V. Ecailles.

Abricots —— Fruits de table frais, indigénes.

Absinthe (feuilles ou fleurs d') —— Feuilles ou fleurs médicinales.

(extrait liquide d') —— Liqueurs.

Acacia (gomme d') —— Gommes pures exotiques.

(suc extrait du fruit de l') —— Résineux exotiques.

Acaja (prunes sèches d') —— Fruits médicinaux.

Acajou (bois d') V. Bois d'acajou.

(gomme d') —— Gommes pures exotiques.

(noix et pommes d') —— Fruits médicinaux.

(résine liquide d') —— Résineux exotiques.

Acétate de plomb liquide —— Médicamens composés.

Acétates (autres) non repris au tarif. —— Produits chimiques non dénommés.

Ache (graine ou racine d') —— Fruits ou racines médicinaux.

Acide acétique —— Vinaigre de vin.

Acides (autres) non repris au tarif —— Produits chimiques non dénommés.

Acorus calamus —— Racines médicinales.

Adiante —— Herbes médicinales.

Adragante (gomme) —— Gommes pures exotiques.

Aétites ou pierres d'aigle —— Pierres ferrugineuses.

Aes-ustum —— Oxide de cuivre.

Agneaux. V. Bétail.

Agnus-Castus (graine d') —— Fruits médicinaux.

Agraffes en fil de cuivre ou de fer, même étamés —— Mercerie commune.

en cuivre argenté ou doré —— Cuivre ouvré, argenté ou doré.

Aigue-Marine —— Pierres gemmes.

Aiguilles à coudre —— Mercerie fine.

à tricoter, sans tête, non polies, ou à tête cassée —— Mercerie comm.

à matelas, d'emballage et à voile —— Outils de pur acier.

de montre ou de pendule, en or ou argent —— Bijouterie.

autres —— Horlogerie (fournitures d')

Aiguillettes —— Passementerie, selon l'espèce.

Aimant (pierre d') —— Pierres ferrugineuses.

Airain —— Cuivre allié d'étain.

Alcali volatil —— Médicamens composés.

Alcalis.V. Natrons, cendres de bois vives, soudes ou potas., selon l'espèce.

Alènes —— Outils de pur acier.

Algues —— Plantes alcalines.

Alisari —— Garance.

Alkékange (baies d') —— Fruits médicinaux.

Alkermès (liqueur ou sirop.) —— Liqueurs ou sirops.

Alliaire (graine d') —— Fruits médicinaux.

Alpagates —— Vannerie.

Althéa —— fleurs ou racines médicinales.

Alto. V. Instrumens de musique.

Alun de plume —— Sulfate de zinc.

(1) Les graines d'abrus percées pour colliers et chapelets sont reprises comme mercerie commune.

(2) L'extrait de saturne, ou acétate de plomb liquide, rentre dans la classe des médicamens composés, et est traité comme tel. V. Médic. comp.

(3) Les acides nitrique et sulfurique jouissent d'une prime de sortie.

(4) A l'exception des armes de luxe et de chasse des instrumens aratoires et de chirurgie, des limes, outils, scies et autres articles de mercerie et de quincaillerie.

(5) Il n'est ici question que d'agates non montées ou montées provisoirement en métal commun. Celles montées sur or ou argent sont traitées comme bijouterie.

(6) La dénomination d'agrès et d'apparaux de navires ne s'applique guère qu'aux débris des bâtimens échoués. Ainsi, ne sont pas compris sous cette désignation, les ancres, avirons, mâts, esparres, les cordages neufs, voiles, etc., non plus que les ouvrages en métaux, comme cuisines, câbles en fer, canons, etc. Tous ces objets sont spécialement taxés.

(7) Ce sont les allumettes dont on se sert dans le ménage. Quant aux mèches soufrées à l'usage des tonneliers, elles sont taxées différemment. V. ce mot.

(8) On distingue trois ou quatre espèces d'aloës qu'on désigne spécialement par les qualifications de sucotrin, hépathique, lucide et caballin.

NOMENCLATURE.	BASES des PERCEPTIONS.	DROITS D'ENTRÉE		DROITS de SORTIE.
		par Navires Français	par Navires Étrangers et par terre	
Alquifoux en galène (minerai)	100 k. B. B.	10 »	11 »	» 25
(plomb sulfuré ou sable plombifère). . . .	id.	5 »	5 50	
Alun (sulfate d'alumine).	id.	25 »	28 »	» 25
brûlé ou calciné.	100 k. N. B.	89 40	97 20	
Amadou.	100 k. B. B.	13 »	14 30	» 25
Amandes en coques ou cassées (1).	id.	20 »	22 »	2 »
Ambre gris.	1 k. N.B.	62 »	67 60	» 25
jaune ou blanc , brut (succin)	100 k. B. B.	37 »	40 70	les 100 kᵒ.
travaillé (2).	100 k. N. B.	200 »	212 50	2 »
Amidon	100 k. B. B.	21 »	23 10	» 25
Ammoniac (sel) (3)	1 k. N.B.	3 »	3 30	» 02
Ammoniaque (carbonate d') (sel volatil)	id.	3 »	3 30	» 02
Amome ou Cardamome (graines d').	100 k. N. B.	123 »	131 60	8 »
Amurca ou marc d'olives.	100 k. B. B.	1 »	1 10	1 02
Ancres de 250 kil et au-dessous	id.	15 »	16 50	
au-dessus de 250 kil.	id.	10 »	11 »	» 25
et câbles dragués, de toute sorte et de tout poids (4).	id.	1 »	» »	
Anil (graine d')	id.	1 »	1 10	» 25
(pâte d') Feuilles broyées et séchées en masse.	id.	1 »	1 10	6 »
Anis étoilé de la Chine , ou badiane	100 k. N. B.	60 »	65 50	» 25
vert	100 k. B. B.	35 »	38 50	
Antale (coquillage).	100 k. B. B.	7 »	7 70	» 25
Antimoine métallique ou régule d'antimoine. .	id.	26 »	28 60	1 »
sulfuré (antimoine cru). , . . . ı . . .	id.	11 »	12 10	
Arachis ou pistaches de terre	id.	5 »	5 50	4 »
Ardoises pour toiture ,				
par mer, et de la mer à Baisieux exclusivem¹;				
de plus de 27 cent. de (10 pᶜᵉˢ).	1000 en N.	46 »	46 »	
de 22 c. excl. à 27 incl. id. (8 p. à 10 p.)	id.	30 »	30 »	
de 19 c. excl. à 22 incl. id. (7 à 8 p.). . .	id.	14 »	14 »	grandes (5) » 15
de 19 c. ou moins. id. (7 pouces.).	id.	7 »	7 »	petites » 10
par toutes les autres frontières de terre	id.	7 50	7 50	
en carreaux ou en tables	100 en N.	30 »	30 »	» 50
sciées pour crayons.	100 k. B. B.	10 »	11 »	» 25

| RENVOIS ET ASSIMILATIONS. | NOTES EXPLICATIVES. |

Alun (résidu d') ——Sulfate de Fer.

Aluyne —— Absinthe.

Amande (huile d') V. Huiles.

Amarante (bois d') —— Bois d'ébénisterie non dénommés.

Ambavelle —— Bois odorans non dénommés.

   (écorces, feuilles et herbes d')—Ecorces, feuilles et herbes médicinales

Ambre (huile d') —— Médicamens composés.

Ambrette (graine d') —— Fruits médicinaux.

Amer ou Bitter —— Liqueurs.

Améthystes —— Pierres gemmes.

Amiante — Pierres servant aux arts et métiers.

Ammoniaque (alcali volatil) —— Médicamens composés.

   (gomme) —— Résineux exotiques.

Amome (baume d') —— Baumes non dénommés.

Anacarde (huile d') —— Huile de pignons.

   (noix d') —— Fruits médicinaux.

   (marmelade d') —— Médicamens composés.

Ananas —— Fruits de table frais exotiques.

   (jus d') V. Jus.

Anchois —— Poissons de mer salés ou marinés.

Anes, Anesses et Anons V. Bétail.

Anet (graine d') —— Fruits médicinaux.

Angélique —— Herbes, racines ou fruits médicinaux.

Anguilles —— Poissons d'eau douce ou de mer.

Angustura —— Ecorces médicinales.

Animaux rares —— Objets de collection (*).

Anis (huile d') V. Huiles.

Anisette —— Liqueurs.

Anti-goutte de la Martinique —— Médicamens composés.

Anneaux d'or et d'argent —— Bijouterie.

   de cuivre, d'étain ou de fer —— Mercerie commune.

Autore —— Racines médicinales.

Apiocin (graine d') —— Fruits médicinaux.

Arachis (huile d') —— Huile d'olive comestible.

Arbres en plant. V. Plants d'arbres.

Arco. V. Potin.

Archets de violon et de tourneur. —— Mercerie fine.

   de scies à main —— Outils de pur fer.

Arec (noix d') —— Fruits médicinaux.

Aréomètres —— Instrumens de calcul.

Argenterie. V. Orfèvrerie d'argent.

Argent-vif. V. Mercure natif.

Argentine (plante) —— Feuilles, herbes ou racines médicinales.

   (pierre) —— Agate.

Aristoloche —— Racines médicinales.

Armoise —— Absinthe.

Armures (vieilles) —— Objets de collection.

Arquebusade (eau d') —— Eaux de senteur.

(1) Les amandes, noix, noisettes, et avelines encore recouvertes de leur première enveloppe sont traitées comme fruits de table frais indigènes.

(2) Les grains d'ambre jaunes percés et enfilés, mais non encore taillés, sont considérés comme ambre brut, et ne doivent que les droits de celui-ci.

(3) Le sel ammoniac a droit à une prime de sortie.

(4) Cette modération de droits n'est applicable qu'aux ancres et cables retirés du fond des ports et rades du royaume par des *dragueurs français*. Le draguage doit en être constaté d'une manière authentique par les agens de la marine. Ceux dont la propriété est revendiquée sont traités comme marchandises de sauvetage, c'est-à-dire qu'ils sont soumis aux dispositions générales du tarif, quand la nationalité n'en est pas justifiée.

(5) Par *grandes*, on entend celles qui ont 13 centimètres (57 lignes) de longueur et plus; et par *petites* celles au-dessous de cette dimension.

(*) Les animaux rares et curieux qui sont conduits par des jongleurs, passent, en franchise de droits, tant à l'entrée qu'à la sortie.

NOMENCLATURE.	BASES des PERCEPTIONS.	DROITS D'ENTRÉE.		DROITS de SORTIE.
		par Navires Français	par Navires Étrangers et par terre.	
ARGENT (1) brut en masses, barres et lingots. . .	1 k. B. B.	» 05	05 »	0 05
battu, tiré, laminé ou filé (2)	1 k. N.B.	30 »	33 »	» 40
(monnaie d') (quel qu'en soit le type)	1 k. B. B.	» 01	» 01	» 01
ARGILE (terre).	100 k. B. B.	» 10	» 10	» 05
ARMES (3) de chasse, de luxe ou de traite, blanches.	100 k. N. B.	400 »	417 50	5 (4)
à feu. . .	id.	200 »	212 50	
de guerre, blanches	. . . .			
à feu, portatives	. . . .	Prohibées	Prohibées	Prohibées
d'affût, en bronze ou en fonte.	. . . .			
ARROW-ROOT	100 k. N. B.	41 »	45 10	» 25
ARSENIATE de potasse (sel).	id.	70 »	76 »	2 »
ARSENIC blanc, jaune ou rouge (sulfure d'arsenic)(5)	100 k. B. B.	15 »	16 50	» 25
métallique	id.	17 »	18 70	
ASPHALTE ou bitume de Judée.	id.	21 »	23 10	» 25
ATCHARS (fruits confits).	id.	17 »	18 70	» 25
AULNE (écorces d')	id.	1 »	1 10	4 »
AVELANÈDES (cupules du gland)	100 k. B. B.	5 »	5 50	» 25
AVIRONS et RAMES bruts, par nav. franç. et par terre	par mètre de long.	» 02	» »	
par navires étrangers . .	id.	» »	» 04	» 01
façonnés	id.	» 05	» 06	
AZUR (cobalt vitrifié en poudre)	100 k. B. B.	30 »	33 »	» 25
BAIES de bourdaine et de nerprun	100 k. B. B.	10 »	11 »	8 »
de genièvre, d'airelle ou de myrtile . . .	id.	1 »	1 10	» 25
BALAIS communs de bouleau, bruyère, genêt, etc.	1000 en N.	» 25	» 25	» 05
en crin, racines et plumasseaux	100 k. N. B.	100 »	107 50	1 »
BALEINE (barbes et fanons de) bruts, de pêche franç.	100 k. B. B.	» 20	» »	» 25
de pêche étrang.	id.	30 »	35 »	
apprêtés	100 k. N. B.	60 »	65 50	
(blanc de) de pêche française, brut	100 k. B. B.	» 20	» »	
étrangère, brut	100 k. N. B.	40 »	44 »	1 02
pressé. . . .	id.	60 »	65 50	
raffiné . . .	id.	150 »	160 »	
(bougies de).	id.	220 »	233 50	» 25

RENVOIS ET ASSIMILATIONS.	NOTES EXPLICATIVES.

Artifice (pièces d') —— Mercerie commune.
Asarum —— Herbes ou racines médicinales.
Asclépias —— Racines médicinales.
Aspalatum —— Bois odorans non dénommés.
Asperges —— Légumes verts.
   (graine, griffes et plans d') —— Graine de jardin.
Aspic (graine d') —— Fruits ou fleurs médicinaux.
   (Fleurs d') —— Fleurs de lavande.
   (Huile d') —— Huile de lavande.
Assa-Fœtida —— Résineux exotiques.
Astérie —— Pierres gemmes.
Aulnée —— Racines médicinales.
Aurone —— Absinthe.
Autour —— Curcuma en racine.
Avelines —— Noix.
Avoine V. Céréales, à la fin du Tarif.
Ayapana —— Feuilles médicinales.
Azur de cuivre —— Cendres bleues.
   de roche —— Pierres gemmes.

Bablah (graine de) —— Avelanèdes.
Baccante —— Feuilles médicinales.
Badiane V. Anis étoilé.
Baguettes de fusil en bois ou baleine non garnies —— Mercerie commune
               garnies —— Mercerie fine.
         en acier —— Armes à feu.
Baies d'alkékange, de laurier et de Viorme —— Fruits médicinaux.
Baïonnettes —— Armes à feu.
Baillarge —— Orge. V. Céréales.
Balais de savanne —— Feuilles médicinales.
Balances (fléaux de) —— Outils de cuivre ou de pur fer.
  montées —— Fer ouvré.
Balaustes —— Feuilles médicinales.
Baleine (graisse ou huile de) —— Graisses de poisson.
Balisier (graine de) —— Abrus (graines d').
Balles de paume —— Mercerie commune.

(1) Le minerai d'argent ou *plata-pigne* suit le régime de l'argent brut.
(2) Ce sont les feuilles, lames, clinquans, paillettes et traits d'argent. On y assimile les cannetilles et l'argent filé sur soie.
(3) On appelle armes de chasse, de luxe ou de traite, 1º les armes à feu d'un calibre autre que celui adopté en France pour les fusils, carabines et pistolets de guerre; 2º les armes blanches, comme sabres, épées, etc., dont les pièces sont damasquinées, gravées ou ciselées, ainsi que les autres armes de prix.
Les armes à feu sont du calibre de guerre, lorsque la partie du petit diamètre du cylindre de calibrage entre dans le canon : elles sont du calibre de chasse ou de traite, lorsque la partie de ce petit calibre ne peut y entrer, ou que celle du gros calibre y entre.
Les armes venant de l'étranger et déclarées pour la consommation, sont, après le paiement des droits, expédiées de la Douane sur la mairie du lieu de leur destination, sous plomb et par acquit-à-caution. L'Autorité Municipale délivre le certificat de décharge au dos de l'acquit-à-caution qui est ensuite renvoyé par les soumissionnaires au bureau qui l'a délivré ; le tout, sous peine de 500 fr. d'amende et du paiement de la valeur des armes importées. Quant aux armes déclarées pour l'Entrepôt, elles y sont admises sans autres formalités que celles ordinaires.
(4) Les armes de traite que l'on exporte *par mer* en caisses d'au moins 50 kil., ne paient que le droit de sortie imposé sur le fer ou l'acier ouvré, c'est-à-dire 25 centimes par 100 kil.
(5) Le Sulfure d'arsénic jaune en poudre qu'on nomme communément *orpiment, jaune de Cassel, de roi* ou *royal*, rentre dans la classe des couleurs non dénommées. V. ce mot.

NOMENCLATURE.	BASES des PERCEPTIONS	DROITS D'ENTRÉE		DROITS de SORTIE.
		par Navires Français.	par Navires Étrangers et par Terre.	
BALLES de plomb, de calibre	. . . .	Prohibées.	Prohibées.	Prohibées.
autres	100 k. B. B.	24 »	26 40	» 50
BAMBOUS (1) de l'Inde	100 k. N. B.	80 »	200 »	» 25
d'ailleurs	id.	160 »		
BARBOTINE	id.	60 »	65 50	» 25
BATEAUX de rivière	le tonneau de mer.	» »	20 »	
BATIMENS de mer	id.	Prohibés.	Prohibés	2 »
à dépecer, doublés en métal.	id.	» »	» 60	
non doublés	id.	» »	» 25	
BATISTE ET LINON (2) (de pur fil), unis, brochés, à dessins continus ou encadrés	1 k. N. B.	25 »	27 50	» 25 les 100 k°.
BAUMES de benjoin	100 k. N. B.	120 »	128 50	
de copahu ou du Brésil.	1 k. N. B.	2 »	2 20	» 25 les 100 k°.
de storax naturel sec, rouge ou *calamite* .	100 k. N. B.	41 »	45 10	
préparé, liquide (Styrax) . . .	100 k. B. B.	13 »	14 30	
en pains.	id.	17 »	18 70	
non dénommés ci-dessus (3)	1 k. N. B.	10 »	11 »	
AGNEAUX	par tête.	» 30	» 30	» 10
ANES, ANESSES et ANONS	id.	» 25	» 25	1 »
BÉLIERS, BREBIS et MOUTONS (4).	id.	5 »	5 »	» 25
BOEUFS	id.	50 »	50 »	1 »
BOUCS	id.	1 50	1 50	» 15
CHEVAUX entiers	id.	50 »	50 »	Prohibés.
hongres et jumens. . . .	id.	50 »	50 »	5 »
Poulains de toute espèce (5)	id.	15 »	15 »	
CHÈVRES	id.	1 50	1 50	» 15
CHEVRAUX (6)	id.	» 25	» 25	» 10
COCHONS et PORCS	id.	12 »	12 »	» 25
pes¹ 15k° ou moins (Coch. de lait)	id.	» 40	» 40	» 10
GÉNISSES	id.	12 50	12 50	1 50
MULES et MULETS	id.	15 »	15 »	2 »
TAUREAUX, TAURILLONS et BOU-VILLONS	id.	15 »	15 »	3 »
VACHES.	id.	25 »	25 »	» 50
VEAUX (7)	id.	3 »	3 »	» 50

BÉTAIL. (accolade regroupant les lignes de AGNEAUX à VEAUX)

RENVOIS ET ASSIMILATIONS.	NOTES EXPLICATIVES.

Bananes —— Fruits de table exotiques.

Bandages herniaires —— Instrumens de chirurgie.

Bangue —— Herbes ou fruits médicinaux.

Bardane —— Racines médicinales.

Barille —— Soudes.

Barils vides au-dessus de 10 litres de contenance V. [Futailles.

    au-dessous de 10 litres   *id.* —— Boisselleric.

    à mettre du sel —— Ouvrages en bois.

Baromètres —— Instrumens de calcul.

Bas —— Bonneterie, selon l'espèce.

Basanes —— Peaux préparées.

Basilic —— Feuilles, fleurs ou herbes médicinales.

Basins —— Tissus de coton ou toile de lin croisée, selon l'espèce.

Bas-reliefs —— Objets de collection.

Basses et Bassons V. Instrumens de musique.

Bâts V. Sellerie.

Baudriers —— Peaux ouvrées.

Baudruches —— Vessies.

Baume (bois de) —— Bois odorans non dénommés.

Bdellium —— Résineux exotiques.

Bêches —— Instrumens aratoires.

Béliers V. Bétail.

Belladonne —— Racines médicinales.

Ben (graine ou noix de) —— Fruits médicinaux.

    (huile de) —— Huile de laurier.

Benjoin V. Baumes.

    (fleur de) —— Acide benzoïque.

Bergamotte (écorces ou fruits et huile de) —— Citrons (écorces ou fruits et huile de).

Besaigüe —— Outils de fer rechargé d'acier.

Bétel V. Feuilles de bétel.

Betteraves —— Légumes verts.

Beurre d'antimoine, de nitre et de saturne —— Médicamens composés.

    de cacao V. Huile de cacao.

Biches —— Gibier.

Bigarades —— Citrons (fruits ou écorces de).

Bilboquets en bois commun ou peint. —— Bimbeloterie.

    en buis —— Mercerie commune.

    en ivoire —— Tabletterie.

Billards —— Meubles.

(1) Les rotins ou rostangs de plus de 4 lignes de diamètre, et qui sont droits dans toute leur longueur, sont traités comme bambous. Quant aux rotins d'un calibre plus petit qu'on emploie pour fabriquer des chaises, des fouets, des badines, etc, V. Rotins de petit calibre.

(2) La batiste et le linon, quoique faisant partie des tissus de lin, peuvent être importés *par mer* en colis pesant moins de 100 kil.

(3) Ce sont les baumes du Canada, du Pérou, de Tolu, de Judée et de la Mecque, de Calaba, d'Amome, de Vanille, et autres naturels. Quant aux préparations grasses ou alcooliques improprement appelées baumes, telles que les baumes de Lucatel, de Chiron, etc., elles suivent le régime des médicamens composés. V, ce mot.
Le baume de *Riga* et celui dit *Sympathique*, paient comme eaux distillées alcooliques.

(4) Lorsque la laine des agneaux, béliers, brebis et moutons se trouve avoir plus de *quatre mois* de croissance, on perçoit indépendamment du droit d'entrée par tête celui de la laine selon sa valeur. V. Laines.

(5) Ne sont considérés comme poulins que les élèves qui n'ont absolument que des dents de lait.

(6) Ce sont ceux qui tettent encore.

(7) Sont réputés Veaux les sujets dont la mâchoire est étroite et dont les dents de lait n'ont pas encore commencé à s'user. Au-dessus de l'âge de 6 à 9 mois les dents s'éloignent du centre vers les extrémités, les cornes deviennent longues et luisantes; ils perdent enfin les signes qui les classent parmi les veaux, et sont alors considérés comme Bouvillons, Taurillons ou Génisses.

5

NOMENCLATURE.	BASES des PERCEPTIONS.	DROITS D'ENTRÉE.		DROITS de SORTIE.
		par Navires Français.	par Navires Étrangers et par terre.	
BEURRE DE LAIT, frais ou fondu	100 k. B. B.	3 »	3 30	5 »
salé (1)	id.	5 »	5 50	» 25
BÉZOARDS d'animaux (2)	100 k. N. B.	245 »	259 70	» 25
BIÈRE	l'hectolitre.	6 »	6 »	» 15
BIJOUTERIE (3) d'or ornée de pierres ou perles fines.	1 hect. N. N.	20 »	22 »	1 »
toute autre	id.	20 »	22 »	» 20
d'argent ornée de pierres ou perles fines.	id.	10 »	11 »	» 50
toute autre	id.	10 »	11 »	» 20
dorée, argentée ou d'or faux	100 k. B.	Prohibée.	Prohibée.	4 »
de métaux communs avec pierres fausses.	1 k. N.B.	6 »	6 60	» 02
BILLES de billard en ivoire.	id.	4 »	4 40	» 01
BIMBELOTERIE	100 k. N.B.	80 »	86 50	1 »
BITUMES (non dénommés au présent Tarif).	100 k. B.B.	5 »	5 50	» 25
BLEU minéral et bleu de Prusse ou de Berlin . . .	100 k. N.B.	210 »	223 »	5 »
BOIS à brûler, en bûches.	le stère.	» 25	» 25	
en fagots	100 en N.	» 25	» 25	Prohibés (4).
à construire bruts ou écarris à la hache. . .	le stère.	» 10	» 10	
sciés ayant plus de 8 cent. d'épais (3 pouc.)	id.	» 15	» 15	Voir la note (5) ci-contre.
ayant 8 cent., ou moins idem.)	100 m. de longr	1 »	1 »	
en éclisses	1000 feuilles	2 »	2 »	2 »
feuillard, de 2 mètres de long. et au-dessous.	1000 en N.	» 50	» 50	» 50
de 2 à 4 mètres exclusiv	id.	2 »	2 »	2 »
de 4 mètres et au-dessus.	id.	10 »	10 »	10 »
merrain de chêne, d'1 mètre 299 millim. et au-dessus (6)	id.	2 »	2 »	
d'1 mètre 299 millim. à 974 mᵐ inclusiv. (6)	id.	1 50	1 50	Prohibé.
au-dessous de 974 millim. (6)	id.	1 »	1 »	
autre que de chêne	id.	mêmes droits que ci-dessus.		10 % de la val.
BOIS d'acajou brut ou écarri à la hache				
de la Guy. franç. et du Sénégal.	100 k. B.B.	1 »	» »	
d'ailleurs hors d'Europe	id.	15 »	42 50	
des entrepôts.	id.	37 50		» 50
(7) scié, épais de plus de 3 décimètres .	id.	mêmes droits que l'acajou brut		
de 3 décimèt. à 2 centimètres.	100 k. N.B.	100 »	107 50	
de moins de 2 centimètres	id.	200 »	212 50	
de buis (8)	100 k. B.B.	10 »	11 »	2 »

| RENVOIS ET ASSIMILATIONS. | NOTES EXPLICATIVES. |

Biscuits de mer —— Comme les farines dont ils sont faits, V. Céréales, (à la fin du Tarif.)

    sucrés —— Bonbons.

Biscigles en buis —— Mercerie commune.

Bismuth V. Étain de glace.

Bistorte —— Racines médicinales.

Bistouris —— Instrumens de chirurgie.

Bistre —— Couleurs non dénommées.

Blanc d'argent ou de crems et de plomb V. Carbonates de plomb.

    de baleine V. Baleine (blanc de).

    d'Espagne —— Craie.

    de toilette —— Fard blanc.

Blé et blé de turquie V. Céréales, froment et maïs (à fin du Tarif).

Blende —— Zinc (minerai de).

Bleu (boules de) —— Indigo.

    d'azur ou de cobalt V. Azur.

    de montagne —— Couleurs non dénommées.

Blondes V. Dentelles de fil ou de soie.

Bœufs V. Bétail.

Bois d'acajou et de buis (sciures de) —— Ouvrages en bois.

    blanc —— Bois à construire.

    ouvré V. Ouvrages en bois.

Boîtes de bois peintes ou ferrées —— Mercerie commune.

    de carton et de papier —— Carton moulé.

    de cuir —— Peaux ouvrées.

    de figuier vernissées et de Spa —— Mercerie fine.

Bombes V. Fer (fonte de) moulée pour projectiles de guerre.

Botrys —— Herbes médicinales.

Bouches à feu —— Armes de guerre d'affût.

Bouchons de liége —— Liége ouvré.

Boucles de cuivre, d'étain ou de fer —— Mercerie commune.

    d'acier —— Acier ouvré.

    d'or, d'argent ou de vermeil —— Bijouterie.

    plaquées, dorées ou argentées —— Plaqués.

Boucs V. Bétail.

Bougettes —— Mercerie commune.

Bougran —— Toile de lin, écrue.

Bouilloires —— Fer, fonte ou cuivre ouvrés.

Bouillon blanc —— Fleurs médicinales.

    (tablettes de) —— Médicamens composés.

(1) Le beurre salé jouit d'une prime à son exportation *par mer*, c'est-à-dire, du remboursement du droit sur le sel employé à sa conservation.

(2) L'oxide d'antimoine blanc, qu'on appelle improprement bézoard *minéral*, rentre dans la classe des médicamens composés.

(3) Outre les droits d'entrée, les articles de bijouterie et d'orfévrerie, venant de l'étranger, doivent encore ceux de garantie fixés à 20 fr. par hectog. pour les ouvrages en or, et à 1 fr. pour ceux en argent. Ils sont, en ce cas, envoyés sous plomb et par acquit-à-caution, au bureau de garantie le plus voisin pour y être poinçonnés, ou, s'ils le sont déjà, vérifiés seulement.

Sont dispensés de ces formalités et affranchis des droits de garantie et même d'entrée : 1° les objets appartenant aux ambassadeurs et envoyés des Puissances étrangères (quand ils les accompagnent ou sont déclarés par eux); 2° les bijoux d'or et les ouvrages en argent à l'usage personnel des voyageurs, et dont le poids n'excède pas 5 hectog. (loi du 19 brumaire an 6).

Les deux tiers du droit de garantie sont remboursés à l'exportation des matières d'or et d'argent, sur le certificat délivré par la Douane de sortie et visé par le directeur.

(4) Il y a exception à la prohibition de sortie; 1° pour 4000 stères de bois à brûler qui peuvent être exportés chaque année pour l'Espagne, du port de Saint-Jean-de-Luz;

2° Pour les bois de pin et de sapin sortant par Saint-Jean-de-Luz, Bordeaux, Port-Vendre, par les frontières du Rhin et de la Meuse, et par le département du Nord.

3° Pour les bois des Vosges, de la Vallée, de Lucelle et du département de la Moselle, reconnus impropres à la construction navale.

Pour ces différentes exceptions, les droits de sortie sont fixés comme suit :

Bois à brûler en bûches, le stère. . » f. 10 c.
    en fagots, le 100 . . » 40
Bois de pin et de sapin bruts ou simplement écarris à la hache, le stère . . . . » 50
Bois des Vosges et de la Moselle, à la valeur. . . . . 5 p. %

Les perches à houblon, les étançons, Waires et Wacrettes sortant par la rivière de Meuse, sont affranchis également de la prohibition; Ils acquittent à leur sortie, savoir:

Perches à houblon par millier . . 50 f. » c.
    dites Waires . . . . 33 »
    dites Wacrettes . . . . . . 16 »

(5) Les droits de sortie des bois à construire sciés ont été réglés ainsi qu'il suit, par l'ordonnance du 29 juin 1833 :

Bois à construire, de *pin et de sapin sciés*,
ayant d'épaisseur plus de 80 millimètres, le stère. . f. 12 c.
de 34 à 80 millimètres les 100 mètres. . . . . . . f. 50
moins de 34 millimètres (planches dites C*hom*) les 100 mètres. . . . . . . f. 15
autres, les 100 mètres . f. 25

Bois à construire, sciés, *autres que de pin et de sapin*, le double des droits ci-dessus.

(6) On appelle vulgairement ces trois dimensions *pipailles, longailles et fonçailles.*

(7) Les meubles et les feuilles de placage en bois d'acajou jouissent d'une prime de sortie.

(8) Les ouvrages en buis sont, sans exception, traités comme mercerie commune.

NOMENCLATURE.	BASES des PERCEPTIONS.	DROITS D'ENTRÉE.		DROITS de SORTIE.
		par Navires Français.	par Navires Etrangers et par terre.	
Bois de Cail-Cédra, de la Guyane et du Sénég. franç.	100 k. B. B.	1 »	» »	
d'ailleurs.	id.	Comme le bois d'acajou.		
de Cèdre (1) de la Guyane et du Sénég. franç.	id.	1 »	» »	
d'ailleurs hors d'Europe. . . .	id.	2 50	5 50	
des entrepôts	id.	5 »		
d'ébène, de la Guyane franç. et du Sén.	id.	1 »		
des pays hors d'Europe. . . .	id.	4 »	40 »	
des entrepôts.	id.	30 »		40 50
de gaïac, des pays hors d'Europe	id.	2 »	7 »	
des entrepôts.	id.	4 »		
Bois d'ébénisterie non dénommés ci-dessus,				
de la Guy. et du Sénég. franç.	id.	1 »	» »	
de l'Inde	id.	10 »		
d'ailleurs hors d'Europe. . . .	id.	15 »	40 »	
des entrepôts.	id.	30 »		
Bois odorans de sassafras.	id.	20 »	22 »	» 50
non dénommés	100 k. N. B.	100	107 50	
Bois de campêche en bûches, des Colonies français.	100 k. B. B.	1 »	» »	
d'ailleurs hors d'Eur.	id.	2 »	7 »	
des entrepôts	id.	4 »		
de Fernambouc, des pays hors d'Europe. . .	id.	7 »	15 »	
des entrepôts	id.	10 »		» 50
de Sapan et de Nicaragua des pays à l'ouest du cap Horn	id.	1 »		
d'ailleurs hors d'Europe.	id.	2 »	7 »	
des entrepôts	id.	4 »		
Bois de teinture en bûches, non dénommés, des pays hors d'Europe.	id.	2 »	7 »	
des entrepôts	id.	4 »		» 50
moulus, de Fernambouc	id.	30 »	33 »	
tous autres	id.	20 »	22 »	
Boissellerie (2)	id.	4 »	4 40	» 25
Boites de bois blanc.	id.	31 »	34 10	» 25
Bol d'Arménie	id.	9 »	9 90	» 25
Bonbons	100 k. N. B.	Comme le Sucre terré.		

RENVOIS ET ASSIMILATIONS.	NOTES EXPLICATIVES.

Boules de bleu —— Indigo.

    de mail en bois —— Mercerie commune.

    de terre pour les raffineries de sucre —— Argile.

Boulets V. Fer (fonte de) moulée pour projectiles de guerre.

Bourache —— Feuilles ou fleurs médicinales.

Bourdaine (écorces de) —— Aulnes (écorces d')

    (baies de)¹ V. Baies.

Bourgeons de sapin —— Herbes médicinales.

Bourre de coton —— Coton en laine.

    de laine V. Laine (déchets de).

    de poils —— Poils de vache.

    de soie V. Soie (bourre de).

Bourses tricotées —— Bonneterie selon l'espèce.

    en grains de verre —— Mercerie fine.

    autres —— Mercerie commune.

Boussoles —— Instrumens d'observation.

    (petites) en bois ou en os —— Mercerie commune.

Boutargue —— Poissons de mer.

Bouteilles de grès —— Poterie de grès commun, Ustensiles.

Boutoirs de maréchal —— Outils de Fer rechargé d'acier.

Boutons argentés, dorés ou vernis —— Plaqués.

    d'écaille, d'ivoire ou de nacre —— Tabletterie.

    de fer ou d'acier —— Fer ou acier ouvrés.

    de cuivre, d'étain, de coco, de corne, d'os, ou de verre ——Mercerie commune.

    de passementerie V. Passementerie.

    (moules de) en bois V. Moules.

Bouvillons V. Bétail.

Brebis V. Bétail.

Brésillet —— Bois de teinture non dénommés.

Bretelles —— Mercerie fine.

Brides et bridons —— Sellerie en cuir.

(1) C'est le bois qu'on emploie à fabriquer des crayons, quant au *Cedrela odorata*, ou acajou femelle, il est assimilé à l'acajou ordinaire, sauf celui provenant de la Guyane ou du Sénégal français qui est spécialement tarifé.

(2) Cette dénomination comprend les ouvrages en bois complets et achevés, tels que les petits barils au-dessous de 10 litres de contenance, les boisseaux, pelles, fourches, fléaux et râteaux en bois pur, les plats, écuelles, sébilles, cuillers, échelles, chevilles, fuseaux, etc., etc.

NOMENCLATURE.	BASES des PERCEPTIONS.	DROITS D'ENTRÉE par Navires Français	par Navires Étrangers et par terre	DROITS de SORTIE.
BONNETERIE (1) de coton (2)	100 k. B.	prohibée.	prohibée.	» 50
de fil	100 k. N. B.	200 »	212 50	» 25
de fleuret	1 k. N. N.	6 »	6 60	» 02
de laine (2)	100 k. B.	Prohibée.	Prohibée.	1 50
de poil de castor	100 k. N. B.	400 »	417 50	1 50
d'autres poils	id.	200 »	212 50	
de soie	100 k. N. N.	1200 »	1217 50	2 »
BORAX brut (3) de l'Inde	100 k. N. B.	50 »	125 »	
d'ailleurs	id.	100 »		2 »
mi-raffiné, de l'Inde	id.	65 »	162 50	
d'ailleurs	id.	130 »		
raffiné	id.	180 »	191 50	» 25
BOUGIES de blanc de baleine ou de cachalot . . .	id.	220 »	233 50	» 25
de cire blanche	id.	85 »	91 70	» 25
jaune	id.	50 »	55 »	
BOUTEILLES de verre pleines (4) (outre le droit du liquide)	le litre.	» 15	» 15	» 01
vides	100 k. B.	prohibées (5)	prohibées (6)	» 25
BOYAUX frais et salés	100 k. B. B.	1 »	1 10	5 »
secs préparés	id.	13 »	14 30	» 25
BRAI gras ou sec	id.	5 »	5 50	1 »
BRIQUES en terre cuite	1000 en N.	4 »	4 »	» 25
BROU de noix (6)	100 k. B. B.	1 »	1 10	» 25
BRUYÈRES à vergette, brutes	id.	1 »	1 10	» 25
ébarbées	id.	10 »	11 »	
BULBES ou oignons à fleurs (7)	id.	5 »	5 50	» 25
BURAIL et Crêpon de Zurich (tissu de laine) (8) .	100 k. N.B.	200 »	212 50	1 50
CACAO (fèves et pellicules de) des colonies françaises.	100 k. N.B.	40 »	» »	
des pays à l'O. du C. Horn	id.	55 »		
d'ailleurs, hors d'Eur .	id.	67 »	107 »	» 25
des entrepôts	id.	95 »		
broyé ou en pâte	id.	150 »	160 »	» 51
CACHOU brut (9)	id.	100 »	107 50	» 25

Briques à polir les couteaux —— Pierres servant aux arts et métiers.

Briquets en acier, cuivre, fer, et à forme de pistolet —— Mercerie commune.

polis ou damasquinés —— Mercerie fine.

phosphoriques —— Mercerie commune.

Brocatelle V. Marbres.

Broches à rouet et à mécanique ——Outils de pur acier ou de cuivre.

à tricoter —— Mercerie commune.

Broderies V. Modes (ouvrages de).

Bronze —— Cuivre allié d'étain.

pulvérisé —— Couleurs non dénommées.

Brosserie de bois, de poils et de racines —— Mercerie commune.

de cheveux et de poils fins —— Mercerie fine.

Brun rouge —— Terres servant aux arts.

de Wandyck ou tête de nègre —— Couleurs non dénommées.

Buis V. Bois de buis.

(ouvrages en) —— Mercerie commune.

Buffles —— Bœufs V. Bétail.

Cabaret —— Herbes ou racines médicinales.
Câbles en végétaux —— Cordages.
en fer —— Fer ouvré.
Câbris —— Chevreaux V. Bétail.
Cachemire (étoffes et châles de) V. Tissus de poils.
Cachets —— Bijouterie selon l'espèce.
Cadenas simplement limés —— Mercerie commune.
polis —— Mercerie fine.

(1) Sous cette appellation, on entend les bas, bonnets, gants, bourses et tous les vêtemens tricotés à la main ou au métier. Quant aux tricots qui se coupent à la pièce, ils sont rangés dans la classe des tissus et suivent leur régime.

(2) La bonneterie de coton et celle de laine jouissent d'une prime à leur exportation.

(3) Le borax brut destiné au raffinage peut être importé au droit de 50 c. ou de 2 f. par 100 kil. brut (selon que le navire est français ou étranger), à charge de réexporter, dans l'année, même poids de borax naturel raffiné.

(4) On n'admet que les bouteilles de verre noir, ou même blanc, mais commun et tirant sur le vert ou le bleu, telles que celles qu'on emploie pour les liqueurs et les vins fins. Les bouteilles de verre tout-à-fait blanc, ou celles de cristal, quoique pleines, sont prohibées comme celles vides de toute espèce. Il est entendu que les droits sur les bouteilles pleines n'affectent que celles contenant des liquides taxés au poids net ou à la mesure, car il y aurait double emploi pour ceux qui paient au poids brut.

(5) Les bouteilles vides revenant des Colonies françaises ne sont pas frappées de prohibition à l'entrée, mais doivent le simple droit de retour, c'est-à-dire, 15 c. pour 100 f. de valeur, ou 51 c, par 100 kil. brut, au choix du déclarant.

(6) Il ne s'agit ici que de la première enveloppe du fruit employé en teinture. Le brou de noix (liqueur) est traité comme liqueurs. V. ce mot.

(7) Ce sont les scilles marines, les caïeux de fleurs, les colchiques, renoncules et autres bulbes, ou oignons de fleurs. Les oignons communs(de cuisine) font partie des légumes verts.

(8) Le burail et crépon de Zurich n'est admissible que par le seul bureau de Saint-Louis.

(9) Le cachou préparé, parfumé ou non, est traité comme médicament composé. V. ce mot.

NOMENCLATURE.	BASES des PERCEPTIONS	DROITS D'ENTRÉE		DROITS de SORTIE.
		par Navires Français.	par Navires Étrangers et par Terre.	
CAFÉ (1) des Colonies françaises au-delà du Cap.	100 k. N.B.	50 »	» »	
en-deçà du Cap.	id.	60 »	» »	
de l'Inde	id.	78 »		» 25
d'ailleurs hors d'Europe	id.	95 »	105 »	
des entrepôts	id.	100 »		
CAILLOUX à faïence ou à porcelaine	100 k. B.B.	» 10	» 10	2 »
CALEBASSES vides	id.	13 »	14 30	» 25
CAMPHRE brut	100 k. N. B.	75 »	81 20	» 25
raffiné	id.	150 »	160 »	
CANNELLE fine, de l'Inde	1 k. N.B.	2 »	8 50	
d'ailleurs	id.	6 »		
commune	id.	le tiers des droits ci-dessus.		» 04
sans distinction, de la Guyane française.	id.			
CANTHARIDES (mouches desséchées)	100 k. N.B.	62 »	67 60	» 25
CAOUT-CHOUC (gomme élastique) des pays hors d'Eur.	100 k. B. B.	15 »	30 »	» 25
des entrepôts . . .	id.	20 »		
CAPRES confites	100 k. N.B.	60 »	65 50	» 25
CARACTÈRES d'imprimerie en langue française . .	id.	200 »	212 50	
en langue allemande . .	id.	50 »	55 »	1 »
en autres langues. . . .	id.	100 »	107 50	
hors d'usage (3)	100 k. B. B.	26 »	28 60	2 »
CARBONATES d'ammoniaque	1 k. N.B.	3 »	3 30	» 02
de baryte	100 k. B.B.	15 »	16 50	» 25
de magnésie.	100 k. N.B.	200 »	212 50	2 »
de plomb, pur ou mélangé (céruse et blanc de plomb)...	100 k. B.B.	30 »	33 »	» 25
très-pur (blanc d'argent ou de crems) . .	id.	35 »	38 50	2 »
de potasse, de la Guyane française. . .	100 k. N.B.	10 »	» »	
d'ailleurs, hors d'Europe. .	id.	15 »	21 »	» 25
des entrepôts.	id.	18 »		
de natron	100 k. B.B.	6 50	7 10	» 10
de soude	id.	11 50	12 60	
de zinc	id.	» 10	» 10	2 »
CARDES à carder	la valeur.	15 p.%	15 p.%	1/4 p.%
CARMIN commun	100 k. B.B.	33 »	36 30	2 »
fin	100 k. N.B.	58 »	63 40	
CARROBE ou Carouge (fruits frais).	100 k. B. B.	5 »	5 50	» 25

RENVOIS ET ASSIMILATIONS.	NOTES EXPLICATIVES.

RENVOIS ET ASSIMILATIONS.

Cadmie ou tuttie —— Oxide de zinc gris cendré.
Cadrans en faïence —— Faïence.
    en or et en argent —— Bijouterie.
    solaires —— Instrumens d'observation.
    (autres)——-Horlogerie (fournitures d').
Cadres dorés ou non —— Meubles.
Cafetières en fer-blanc ou en cuivre —— Fer ou cuivre ouvrés.
    argentées, dorées, plaquées ou vernissées —— Plaqués.
    en argent ou en vermeil —— Orfèvrerie.
Cages d'oiseaux —— Mercerie commune.
Caïl-cédra V. Bois de caïl-cédra.
Caillette de veau V. Présure.
Caisses vides V. Boîtes et coffres.
    militaires et grosses caisses V. Instrumens de musique.
Calaguala —— Racines médicinales.
Calamine grillée V. Zinc.
    blanche —— Oxide de zinc blanc.
Calamite V. Baumes de storax.
Calamus aromaticus —— Racines médicinales.
Calebasses pleines (et (pepins de) —— Fruits médicinaux.
    (ouvrages en coques de) —— Mercerie fine.
    (sirop de) —— Sirops.
Caliatour —— Bois de teinture non dénommés.
Caméléon —— Racines médicinales.
Cameline —— Fruits oléagineux, tourteaux ou huile de graines grasses.
Camomille —— Fleurs médicinales.
Campêche V. Bois de campêche.
Canéfice V. Casse confite.
Cannelle blanche (écorces de) —— Ecorces médicinales.
Cannelier — Bois odorans non dénommés, ou fleurs méd., selon l'espèce.
Canons —— Armes de guerre d'affût.
    vieux en bronze ou en fonte (2) —— Cuivre allié d'étain, ou fer
    (fonte de) en gueuses.
    de fusil ou de pistolet —— Armes à feu de guerre ou de luxe.
    d'enfant —— Bimbeloterie.
    de clés de montre —— Horlogerie (fournitures d').
Canots —— Bateaux de rivière.
Caparaçons —— Sellerie en cuir.
Caragate muciforme —— Joncs et Roseaux non dénommés
Carapa (écorces de) —— Ecorces médicinales.
Carapaces V. Ecaille de tortue.
Carbonates de cuivre en masse —— Vert de montagne.
    pulvérisé —— Bleu ou vert de montagne selon l'esp.
    (autres) non repris au présent Tarif —— Produits chimi-
    ques non dénommés.
Carbure de fer —— Graphite.
Carcasses pour modes —— Mode (ouvrages de).
    de parapluies acquittent le 5° du droit des parapluies en
    soie. V. ce mot.
Caret V. Ecaille de tortue.

NOTES EXPLICATIVES.

(1) Le café importé en cerises ou en parchemin, obtient sur son poids net une surtare réglée par l'administration d'après des échantillons qu'on lui adresse. Cette surtare a été jusqu'ici de $36\frac{1}{2}$, 42 et 48 p.% pour le café en cerises im porté de Cayenne et de Bourbon, et de 19, 21, et 22 p.% pour celui en parchemin.

(2) Avant d'admettre comme métaux bruts, les canons ou autres bouches à feu, on exige qu'ils soient encloués et qu'on brise les tourillons qui les retiennent sur l'affût.

(3) La douane peut exiger qu'on martelle, avant de les admettre comme tels, les caractères, filets, accolades, quadrats, etc., qu'on déclare comme étant hors d'usage.

6

NOMENCLATURE.	BASES des PERCEPTIONS.	DROITS D'ENTRÉE par Navires Français	par Navires Étrangers et par Terre.	DROITS de SORTIE.
CARTES à jouer.	100 k. B.	Prohibées.	Prohibées.	1 (1)
géographiques.	100 k. N.B.	3oo »	317 5o	
CARTHAME (fleur).	100 k. B. B.	20 »	22 »	8 »
CARTON en feuilles.	100 k. N.	15o »	16o »	Prohibé.
lustré à presser les draps.	100 k. N.B.	80 »	86 5o	2 »
coupé et assemblé.	id.	100 »	107 5o	
moulé (papier mâché).	id.	200 »	212 5o	
CASSE sans apprêt, des pays hors d'Europe. . . .	id.	35 »	5o »	» 25
des entrepôts	id.	45 »		
confite ou canéfice	id.	comme le sucre terré.		
CASSIA-LIGNEA de la Guyane française	1 k. N.B.	» 5o	» »	» o4
d'ailleurs.	id.	le ⅟₄ des droits de la canelle fine		
CASTORÉUM	100 k. N.B.	184 »	195 70	» 25
CENDRES de bois vives	100 k. B.	1 »	1 10	Prohibées.
lessivées (charrée).	100 k. B. B.	» 10	» 10	» 25
bleues ou vertes (2) (sulfate calcaire) . .	100 k. N.B.	164 »	174 70	2 »
CÉRÉALES (voir à la fin du Tarif).				
CHAMPIGNONS frais.	100 k. B.B.	15 »	16 5o	1 »
secs ou marinés	100 k. N.B.	5o »	55 »	
CHANDELLES.	100 k. B. B.	25 »	27 5o	» 25
CHANVRE (3) en tiges	id.	» 40	» 40	
tillé et étoupes	id.	8 »	8 80	» 25
peigné.	id.	15 »	16 5o	
CHAPEAUX de crin.	la pièce.	» 25	» 25	
de feutre, fins en laine, castor ou soie.	id.	6 »	6 »	
communs en poil ou laine.	id.	3 »	3 »	» o5
de paille, (4) d'écorce, etc. grossiers. .	id.	» 25	» 25	
fins	id.	1 25	1 25	
CHARBON de bois ou de chenevottes	l'hectolitre.	» o5	» o5	Prohibé. (5)
de terre (6) (houille), par mer	100 k. B. B.	1 »	1 5o	
de la mer à Baisieux exclusivement. . . .	id.	» »	» 6o	
par le dép. des Ardennes, et par la Meuse	id.	» »	» 10	
par autre voie	id.	» »	» 15	» o1
de la Meuse.	id.	» »	» 15	
de la Moselle.	id.	» »	» 10	
par les autres frontières de terre.	id.	» »	» 3o	

RENVOIS ET ASSIMILATIONS.	NOTES EXPLICATIVES.

Carillons pesant moins d'un hectog. —— Bijouterie d'or.
          un hectog. ou plus —— Horlogerie (fournitures d').
Carline; ou Caroline —— Racines médicinales.
Carottes fraîches —— Légumes verts.
     sèches —— Chicorée (racines de) sèches.
Carreaux de terre —— Tuiles bombées.
Carrelets —— Outils de pur acier.
Carvi (graine de) —— Fruits médicinaux.
     (huile de) —— Huile d'anis.
Casimirs —— Tissus de laine non dénommés.
Casse-noisettes en bois —— Mercerie commune.
      en fer ou acier —— Fer ou acier ouvrés.
Casseroles en cuivre, fer-blanc ou fonte —— Cuivre , fer ou fonte
     de fer ouvrés.
Cassolettes —— Mercerie commune.
Cassonade —— Sucre brut ou terré.
Castine V. Spath.
Casubes —— Potasses.
Catapuce —— Herbes ou fruits médicinaux.
Cauris —— Antale.
Caviar —— Poissons de mer marinés.
Cayenne (bois de) satiné —— Bois d'ébénisterie non dénommés.
Cédrats —— Citrons.
     confits au sel —— Câpres confites.
      au sucre —— Confitures.
Cèdre V. Bois de cèdre.
Cendres gravelées et perlées —— Potasses.
     de houille —— Marne.
     du Levant, de Sicile et de Roquette —— Soudes.
     d'orfèvre V. Regrets.
     de plomb —— Plomb brut.
     de tourbe —— Engrais.
Centaurée —— Fleurs ou herbes médicinales.
Cérat —— Médicamens composés.
Cercles de bois —— Bois feuillard.
Cerises —— Fruits de table indigènes, frais ou secs.
     (Eau-de-vie de) V. Eaux-de-vie.
Cerisier (bois de) —— Bois à construire.
Céruse V. Carbonate de plomb.
Cervelas —— Viandes salées de porc.
Cétérac —— Herbes médicinales.
Cévadille —— Fruits médicinaux.
Chadecs —— Citrons.
Chaînes d'acier, de cuivre ou de fer —— Acier, cuivre ou fer ouvrés.
     d'or ou d'argent —— Bijouterie.
     dorées, argentées ou d'or faux —— Cuivre doré ou argenté
      ouvré.
Chaises —— Meubles.
Chalumeaux —— Outils de laiton.
Chambres noires —— Instrumens d'optique.
Champignons amadouviers V. Agaric.

(1) Les cartes à jouer qui ne sont pas revêtus du filigrane et du timbre de la régie, et celles autres qu'à portrait étranger, mais de fabrication française, sont prohibées à la sortie. Les exportations de cartes à jouer s'effectuent toujours avec expédition des contributions indirectes.

(2) C'est la pierre arménienne broyée et épurée.

(3) Le Chanvre et les Étoupes de chanvre, goudronnés ou non, propres au calfatage et provenant de vieux cordages, suivent le régime des drilles V. ce mot.

(4) On entend par grossiers, les chapeaux ayant moins de 14 tresses dans l'espace d'un décimètre, et par fins, ceux offrant 14 nattes et plus dans le même espace. Les chapeaux de paille coupée et ouvragée sont traités comme fins, quelle que soit la largeur des tresses. Il est accordé une prime à l'exportation des chapeaux de paille, d'écorce et de sparterie.

(5) Il peut toutefois en être exporté des quantités illimitées :
Par la rivière de la Meuse, au droit d'un franc par 100 k. brut;
Par les départemens du Rhin;
Par les bureaux de Mijoux et Forens, (11,000 kil. tous les ans);
Par les frontières d'Espagne, savoir 200 quintaux pour le compte de la commune de Briaton, et 400 quintaux pour celles de Sarre et d'Urugues.
Pour ces trois dernières exceptions, le droit de sortie est réduit à 10 cent. par hectolitre.

(6) Le Coak ou houille carbonisée, paie le double droit du charbon de terre. La houille distillée est assimilée au goudron.

NOMENCLATURE.	BASES des PERCEPTIONS.	DROITS D'ENTRÉE		DROITS de SORTIE.
		par Navires Français.	par Navires Étrangers et par terre.	
CHARDONS cardières	100 k. B. B.	1 »	1 10	15 »
CHATAIGNES, Marrons et leurs farines	id.	8 »	8 80	» 25
CHAUX (pierres à)	id.	» 10	» 10	» 15
calcinée.	id.	» 10	» 10	» o5
CHEVEUX	id.	1 »	1 10	2 »
(ouvrages en)	1 k. N. B.	2 »	2 20	» 25 les 100 k°.
CHICORÉE moulue ou faux café	100 k. B.	Prohibée	Prohibée.	
(racines de) vertes.	100 k. B.B.	» 50	» 50	» 25
séches, non torréfiées . . .	id.	2 50	2 70	
CHIENS de chasse.	par tête.	» 50	» 50	» 50
CHIQUES d'agate	100 k. B.B.	20 »	22 »	
de marbre et de stuc.	id.	15 »	16 50	» 25
de pierre	id.	10 »	11 »	
CHLORURE de chaux (oximuriate de chaux). . . .	100 k. N. B.	70 »	76 »	2 »
CHOCOLAT.	id.	150 »	160 »	» 51
CHROMATE de plomb et de potasse (jaune de chrôme).	100 k. B.	Prohibé	Prohibé.	2 »
CIDRE.	l'hectolitre.	2 »	2 »	» 10
CIRE (1) non ouv., brune non clarifiée du Sén. fran.	100 k. B.B.	3 »	» »	
jaune, des pays hors d'Europe. .	id.	8 »	15 »	10 20
des entrepôts.	id.	10 »		
blanche.	100 k. N. B.	60 »	65 50	1 02
ouvrée, jaune.	id.	50 »	55 »	
blanche.	id.	85 »	91 70	» 25
(residu de) (2)	100 k. B.B.	5 »	5 50	
CITRONS, Limons et leurs variétés..	id.	10 »	11 »	
(écorces de)	id.	17 »	18 70	» 25
(jus de) et de limon, non concentré (3) .	id.	1 »	1 10	
CIVETTE.	1 k. N. B.	123 »	131 60	» 25 les 100 k.
CLOPORTES (insectes desséchés)	100 k. N. B.	62 »	67 60	» 25
COBALT (minerai de).	100 k. B. B.	5 »	5 50	
(métal de).	id.	17 »	18 70	» 25
grillé (safre)	id.	» 50	» 50	
vitrifié en poudre. Azur	id.	30 »	33 »	
COCHENILLE.	1 k. N. B.	1 50	1 60	» 50 les 100 k°.
Coco (noix de) (4) pleines.	100 k. B. B.	25 »	27 50	
(coques de) vides.	id.	3 »	3 30	» 25

RENVOIS ET ASSIMILATIONS.	NOTES EXPLICATIVES.

Chandeliers d'argent ou de vermeil V. Orfévrerie.

    d'acier —— Acier ouvré.

    de cuivre, d'étain ou de fer —— Mercerie commune.

    dorés, argentés, plaqués ou vernissés —— Plaqués.

Chandelle (bois de) —— Bois d'ébénisterie non dénommés.

Chanvre (graine de) —— Fruits oléagineux.

    (huile de) —— Huile de graines grasses.

    (tourteaux de) V. Tourteaux.

Chapelets de bois —— Mercerie commune.

    de verre ou de rocaille V. Vitrifications en grains percés.

Chardons argentins et bénis —— Fleurs, fruits, herbes ou racines médicinales.

Chariots V. Voitures.

Charrée —— Cendres de bois lessivées.

Chaudières de cuivre ou de fonte —— Cuivre ou fer ouvrés.

    (fonds de) en cuivre —— Cuivre battu ou laminé.

Chaya-montera —— Ecorces médicinales.

Chélidoine —— Racines médicinales.

Chêne (bois de) —— Bois à construire.

Chenêts —— Fer, fonte, ou cuivre ouvrés.

Chenevottes —— Osier brut en bottes.

Chevaux V. Bétail.

Chèvres et Chevreaux V. Bétail.

Chevrons —— Bois à construire, sciés.

Chicorée (graine de) —— Fruits médicinaux.

Chieu-dent —— Racines médicinales.

Chiffons V. Drilles.

Chinois confits au sel —— Câpres confites.

    au sucre —— Confitures.

Chirayita —— Herbes ou racines médicinales.

Chouan —— Feuilles ou fruits médicinaux.

Choucroûte —— Légumes salés ou confits.

Choumarin —— Herbes ou racines médicinales.

Chrômates autres que de plomb et de potasse —— Produits chimiques non dénommés.

Chrysocolle —— Borax.

Chrysolite —— Pierres gemmes.

Chrysoprase —— Agates.

Cigares —— Tabac fabriqué.

Ciguë —— Herbes médicinales.

Ciment —— Chaux.

Cinabre —— Sulfure de mercure en pierres.

Cirage V. Noir à souliers.

Cire à cacheter —— Mercerie fine.

Cisailles —— Outils de fer rechargé d'acier.

Ciseaux à tailler ou sculpter —— Outils, selon l'espèce.

    à tondre les draps —— Outils de fer rechargé d'acier.

    les haies et les moutons —— Instrumens aratoires.

    (autres) —— Coutellerie.

Citrate de chaux —— Citron (jus de).

(1) La crasse de cire paie comme cire jaune non ouvrée.

(2) Le résidu de cire ne doit pas être confondu avec la *crasse* de cire, qui est assimilée à la cire jaune non ouvrée —— Le résidu provient de l'épuration de la crasse de cire; c'est une matière terreuse, qu'on emploie généralement comme engrais, mais dont on peut encore extraire de la cire.

(3) Le jus de citron *concentré* ou *cristallisé* est l'acide citrique et est imposé comme tel. Celui dont il est ici question est un jus liquide employé en teinture. Ceux qui servent de boisson ou sont propres à la confiserie ou à la médecine, sont des sirops et traités comme tels; V. ce mot.

(4) Les petites noix de coco, quoique pleines, qui n'ont que 7 à 10 centimètres de longueur, et celles plus fortes, mais qui ne sont plus mangeables, ne doivent que le droit des coques vides.

6 *

NOMENCLATURE.	BASES des PERCEPTIONS.	DROITS D'ENTRÉE. par Navires Français.	par Navires Étrangers et par terre.	DROITS de SORTIE.
COLLE (1) FORTE animale	100 k. B.B.	35 »	38 50	
de poisson de la Guyane française.	100 k. N.B.	40 »	» »	» 25
d'ailleurs.	id.	160 »	170 50	
CONFITURES (2), des Colonies françaises.	id.	le droit du sucre brut.		
d'ailleurs	id.	le droit du sucre terré.		» 25
COQUILLAGES pleins (autres que les huîtres), de pêche française	100 k. B.B.	exempts.	exempts.	
étrangère	id.	1 »	1 10	» 25
de curiosité. (objets de collection). .	la valeur.	1 p. %.	1 p. %.	¼ p. %.
nacrés (3), de l'Inde	100 k. N.B.	3 »		
d'ailleurs	id.	6 »	8 »	» 25
CORAIL brut, de pêche française	100 k. B.B.	1 »	» »	
étrangère.	id.	20 »	22 »	2 »
taillé, mais non monté	1 k. N.B.	10 »	11 »	» 01
CORDAGES (4) de chanvre.	100 k. B.B.	25 »	27 50	
d'autres végét. (joncs, tilleul, sparte, etc.)	id.	2 »	2 20	» 25
CORNES de bétail, brutes.	id.	» 10	» 10	
préparées (5).	id.	25 »	27 50	20 »
en feuillets, long. de 19 à 24, larg. de 19 à 22 c.	104 feuillets	8 »	8 »	» 40
de 14 à 19, larg. de 11 à 14 c.	id.	6 »	6 »	» 30
de 11 à 14, larg. de 11 c.	id.	4 »	4 »	» 20
au-dessous de 11 cent. de long.	id.	3 »	3 »	» 15
CORNES de cerf et de snac.	100 k. B.B.	5 »	5 50	» 25
CORNICHONS confits	id.	17 »	18 70	» 25
COTON en laine, (6) des Colonies françaises. . .	100 k. N.B.	5 »	» »	
de Turquie.	id.	15 »	25 »	» 50
de l'Inde.	id.	10 »		
d'ailleurs hors d'Europe . . .	id.	20 »	35 »	
des entrepôts.	id.	30 »		
en feuilles, cardées et gommées. Ouate . .	id.	100 »	107 50	» 25
COULEURS non dénommées (7).	100 k. B.B.	35 »	38 50	2 »
COUPEROSE blanche	id.	31 »	34 10	
bleue	id.	31 »	34 10	» 25
verte.	id.	40 »	44 »	
COUTELLERIE.	100 k. B.	Prohibée.	Prohibée.	1 »
COUTIL (8) de pur fil de lin.	100 k. N.B.	200 »	200 »	» 25
CRAIE (chaux carbonatée).	100 k. B.B.	5 »	5 50	» 25

RENVOIS ET ASSIMILATIONS.	NOTES EXPLICATIVES.

Citron (bois de) —— Bois d'ébénisterie non dénommés.

   (huile de) V. Huiles.

Citrouilles —— Légumes verts.

   (graine de) —— Fruits médicinaux.

Claies —— Vannerie.

Clarinettes V. Instrumens de musique,

Clés de portes et de voitures —— Fer ouvré.

   de montre en or ou en argent —— Bijouterie.

     en métaux communs——Horlogerie (fournitures d').

Cloches —— Cuivre ouvré.

   cassés —— Cuivre allié d'étain.

Clous de cuivre pour doublage —— Cuivre pur battu.

   autres —— Cuivre ouvré.

   de fer, de cordonnier et de sellier —— Mercerie commune.

   (autres) —— Fer ouvré.

   de zinc pour doublage —— Zinc laminé.

Cochons V. Bétail.

Coco (boutons de) —— Mercerie commune.

Coffres de bois commun non ferrés —— Boissellerie.

   ferrés, peints, vernis ou de bois fin——Meubles.

   ou malles —— Mercerie commune.

Coffrets en bois commun avec damiers, miroirs, etc. —— Mercerie commune.

Cognées —— Outils de fer rechargé d'acier.

Coins à fendre le bois —— Outils de fer rechargé d'acier.

   gravés —— Machines et mécaniques à dénommer.

Colchiques —— Bulbes.

Colcothar —— Oxide de fer.

Colliers de bois, de frétilles, de graines d'abrus, balisier, etc. —— Mercerie commune.

   de grains de verre et de pierres fausses —— Vitrifications en grains percés.

   de perles fausses —— Mercerie fine.

Cologne (Eau de) —— Eaux de senteur alcooliques.

   (terre de) V. Terres.

Colombo —— Racines médicinales.

Colophane —— Brai sec.

Coloquinte —— Fruits médicinaux.

Colza (graine de) —— Fruits oléagineux.

   (huile de) —— Huiles de graines grasses.

   (tourteaux) V. Tourteaux.

Compas de bureau, à la grosse —— Mercerie commune.

   (autres) —— Instrumens de calcul.

   de charpentier et de menuisier. —— Outils de fer rechargé d'acier.

Concombres. —— Fruits de table frais indigènes.

   confits —— Cornichons confits.

Confections pharmaceutiques —— Médicamens composés.

Consoude —— Racines médicinales.

Contrayerva —— Racines médicinales.

---

(1) La colle de peau d'âne, ou tablettes d'hoc-kiac, fait partie des médicamens composés; V. ce mot.

(2) Voyez aussi casse, myrobolans et tamarins confits, lesquels ont une tarification spéciale.

(3) Ce sont les haliotides, dites oreilles de mer. Ces coquillages, ainsi que la nacre de perle en coquilles brutes à bords noirs, dite bâtarde, ne peuvent être importés que par les ports de Marseille, Bordeaux, Nantes et le Havre.

(4) Les cordages hors d'état de servir, et qui ne sont propres qu'au calfatage ou à la fabrication du papier d'emballage, suivent le régime et acquittent les droits des drilles. Quant aux cordages en crin, on leur applique la taxe imposée sur les crins frisés.

(5) Ce sont les cornes ébauchées, soit plates ou rondes et celles sciées.

(6) Il n'est plus fait de distinction entre les cotons longue-soie et courte-soie. Les deux espèces sont maintenant assujetties aux mêmes droits, selon la provenance.

On ne perçoit sur le coton en laine non égrené, que le quart du droit d'entrée du coton, et pour les trois quarts restant, le droit des graines de coton : le tout au poids brut.

(7) Cette dénomination générique embrasse les couleurs fines, soit sèches ou liquides, en sacs ou vessies, en boîtes, vases ou trochisques, qui ne sont pas nommément taxés au présent tarif, entr'autres, le bistre, le bronze pulvérisé, la laque rosette, le mat, le jaune minéral et de Naples, etc., et généralement toutes les couleurs non spécialement tarifées qui sont broyées ou préparées à l'huile.

(8) Le treillis, espèce de coutil grossier, est assimilé, pour le droit, à la toile de chanvre unie, écrue; V. ce mot. Le coutil, comme les autres tissus de lin et de chanvre, ne peut être importé par mer qu'en colis de 100 kil. au moins.

NOMENCLATURE.	BASES des PERCEPTIONS.	DROITS D'ENTRÉE.		DROITS de SORTIE.
		par Navires Français.	par Navires Étrangers et par terre.	
CRAIE de Briançon	100 k. B.B.	2 »	2 20	» 25
CRAYONS (1) simples en pierre	id.	10 »	11 »	
composés à gaînes de bois blanc . . .	100 k. N.B.	100 »	107 50	» 25
à gaînes de cèdre	id.	200 »	212 50	
CRIN brut (y compris celui teint).	100 k. B.N.	5 »	5 50	150 »
frisé	100 k. B.B.	10 »	11 »	» 25
CUIVRE (minerai de).	100 k. B.	1 »	1 10	Prohibé.
pur coulé en masses brutes (2), des pays hors d'Europe . .	100 k. B.B.	1 »	4 »	2 »
des entrepôts . . .	id.	2 »		
en plaques ou barres régulières . .	id.	40 »	44 »	
battu ou laminé (3)	100 k. N.B.	80 »	86 50	» 25
filé, teint en jaune.	id.	286 »	302 80	4 »
non teint.	id.	100 »	107 50	1 »
ouvré (3)	100 k. B.	Prohibé (4)	Prohibé (4)	
(limailles de) . . . ·	100 k. B.	1 »	1 10	Prohibées
CUIVRE allié d'étain (5)	100 k. B.B.	10 »	11 »	2 »
de zinc ou laiton (3), COULÉ en masses brutes.	id.	10 »	11 »	2 »
en plaques ou barres régul.res.	id.	40 »	44 »	
battu ou laminé.	100 k. N.B.	80 »	86 50	
filé, poli	100 k. B.	Prohibé.	Prohibé.	1 »
poli ou non, p. cordes d'instr	100 k. N.B.	100 »	107 50	
propre à la broderie	id.	286 »	302 80	4 »
CUIVRE argenté, en masses ou lingots	100 k. N.B.	102 »	109 60	2 »
battu, tiré ou laminé. . . . . · . .	id.	204 »	216 70	
filé sur fil	id.	327 »	344 50	4 »
sur soie	100 k. D.	Prohibé.	Prohibé.	
ouvré	100 k. B.	Prohibé.	Prohibé.	
CUIVRE doré, en lingots.	100 k. N.B.	147 »	156 80	2 »
battu, tiré ou laminé	id.	286 »	302 80	
filé, sur fil	id.	327 »	344 50	4 »
sur soie	100 k. B.	Prohibé.	Prohibé.	
ouvré.	id.	Prohibé.	Prohibé.	
CURCUMA, en racine, de l'Inde	100 k. N.B.	35 »	110 »	» 50
d'ailleurs, hors d'Europe . .	id.	50 »		
des entrepôts	id.	100 »		
en poudre	100 k. B.	Prohibé.	Prohibé.	

| RENVOIS ET ASSIMILATIONS. | NOTES EXPLICATIVES. |

Contrefaçons V. Livres.
Copal (gomme) —— Résineux exotiques
Coques du Levant —— Fruits médicinaux.
Corail monté —— Bijouterie.
    pulvérisé —— Poudres de senteur.
Corbeilles —— Vannerie.
Cordes de filasse —— Cordages de chanvre.
    de boyaux pour instrumens de musique —— Mercerie fine.
        pour mécaniques —— Mercerie commune.
    métalliques, blanches —— Acier fondu, filé.
        jaunes——Cuivre allié de zinc filé p. instrumens.
Cordons et Cordonnets —— Passementerie selon l'espèce.
Coriandre (graine de) —— Fruits médicinaux.
Cornaline —— Agates.
Cornes de licorne et de rhinocéros —— Dents d'éléphant.
    brûlées ou calcinées —— Noir d'os.
    râpées —— Râpures de cornes de cerf.
Cors V. Instrumens de musique.
Costus —— Ecorces ou racines médicinales.
Coton filé V. Fil de coton.
Courbaril —— Bois d'ébénisterie non dénommés.
Couteaux de poche ou de table —— Coutellerie.
    de chasse et à cannes à sucre——Armes blanches de luxe.
    de corroyeur, de tanneur et à pied —— Outils de pur acier.
    de tonnelier —— Outils de fer rechargé d'acier.
    à choux —— Machines et mécaniques non dénommées.
Coutil de coton ou mélangé de coton —— Tissus de coton.
Couvertures V. Tissus de coton, de fleuret, de laine, de poil ou de soie.
Cravaches —— Mercerie commune.
Crème de tartre V. Tartre cristallisé.
Crêpe V. Tissus de soie ou de coton.
Crêpon de soie —— Tissus de soie (étoffes unies de).
    de Zurich V. Burail.
Creusets —— Poterie de grès commun, Ustensiles.
Cribles en bois —— Boissellerie.
    (autres) —— Mercerie commune.
Crics —— Instrumens aratoires.
Cristal de roche en masses —— Pierres servant aux arts.
    de choix —— Pierres gemmes.
Cristaux V. Verres.
Cruches de grès ou de terre V. Poterie de grès commun, Ustensiles, ou Poterie de terre.
Crucifix en bois —— Ouvrages en bois.
    avec ornemens frappés en cuivre —— Mercerie commune.
Chrysochalque —— Cuivre doré.
Cubèbes ou poivre à queue. —— Poivre.
Cudbeard —— Orseille violette.
Cuillers d'argent ou de vermeil —— Orfévrerie.
    de bois commun —— Boissellerie.
    (autre), et de corne, d'étain, de fer ou de métaux communs et d'os —— Mercerie commune.
    d'ivoire —— Tabletterie.
Cuirs V. Peaux.
    à rasoirs —— Mercerie commune ou fine, selon leur valeur.
Cumin (graine de) —— Fruits médicinaux.
    (huile de) —— Huile d'anis.
Cure-dents et cure-oreilles en bois, os et plumes——Mercerie commune.
    en écaille, ivoire et nacre —— Tabletterie.
Cuveaux en bois, cerclés ou non, en fer —— Ouvrages en bois.
Cylindres gravés ou non gravés en fer, fonte ou cuivre, pour l'impression des toiles. —— Machines et mécaniques.
    non gravés pour mécaniques——Outils d'acier ou de cuivre.
    pour chauffer les bains —— Meubles.
Cymbales V. Instrumens de musique.
Cyprès (noix de) —— Fruits médicinaux.

(1) On appelle *simples*, les crayons qui sont dégarnis de bois, comme la pierre noire, l'ardoise, la sanguine, etc., simplement sciées et anguleuses.

Sont assimilés aux crayons à *gaînes de cèdre*, ceux qui montés ou arrondis, sont faits avec de la pâte de mine de plomb, de sanguine, de pierre noire, de bistre et de pastel.

(2) La mitraille, les vieux ouvrages brisés ou que l'on fait briser en douane, les feuilles ou débris de cuivre laminé, ainsi que les monnaies de cuivre hors de cours, sont admis comme cuivre coulé en masses brutes. Mais cette admission, à l'égard des vieilles feuilles de doublage et des débris de cuivre laminé, n'a lieu qu'autant qu'ils ont été coupés en morceaux d'un pouce et au-dessous, afin qu'ils ne soient plus propres qu'à la refonte.

(3) Il est accordé une prime à la sortie des cuivre et laiton battus, laminés ou autrement ouvrés en nature.

(4) A l'exception des articles qui font partie de la mercerie, des outils, instrumens et fournitures d'horlogerie, etc. Consulter toujours la nomenclature et la colonne des renvois en y cherchant chaque objet par le nom qui lui est propre.

(5) Cette taxe comprend les masses, lingots, mitrailles, limailles et vieux canons de bronze, airain, arco, ou potin gris, et fonte verte, ainsi que les cloches cassées. Voy., pour l'admission à ce droit des vieux canons ou autres bouches à feu, la note (2) page 41.

Les ouvrages neufs en bronze, airain, etc., sont traités comme cuivre ouvré, ou plaqués selon l'espèce; V. ces mots.

7

NOMENCLATURE.	BASES des PERCEPTIONS.	DROITS D'ENTRÉE		DROITS de SORTIE.
		par Navires Français	par Navires Étrangers et par terre	
DÉGRAS de peaux, des pays hors d'Europe	100 k. N. B.	40 »	56 »	» 25
des entrepôts	id.	48 »		
DENTELLES de fil de lin	la valeur.	5 p.%	5 p.%	1/4 p.%
de soie, dites blondes	id.	15 p.%	15 p.%	
d'or fin	1 k. N.N.	200 »	212 50	
d'argent fin.	id.	100 »	107 50	» 40
d'or ou d'argent faux	id.	25 »	27 50	
DENTS d'éléphant, entières (1), du Sénégal français.	100 k. N.B.	50 »	» »	
de l'Inde	id.	80 »		
d'ailleurs hors d'Europe.	id.	100 »	170 »	» 25
des entrepôts . . .	id.	140 »		
sciées du Sénégal français et de l'Inde . . .	id.	160 »		
d'ailleurs, hors d'Europe. .	id.	200 »	340 »	
des entrepôts	id.	280 »		
de loup.	100 k. B. B.	5 »	5 50	» 25
DERLE, ou terre de porcelaine	id.	» 10	» 10	3 »
DIAMANS bruts	1 hect. N.B.	» 50	» 50	» 01
taillés	id.	1 »	1 10	
DRILLES, ou chiffons	100 k. B.	» 10	» 10	Prohibées.
EAU-DE-VIE de vin, (2) même anisée.	par hectolitre d'alcool pur.	50 »	50 »	
de cerises, kirschwasser	id.	200 »	200 »	
de mélasse (rhum et tafia), des Colonies françaises	id.	20 »	» »	» 10
d'ailleurs	id.	Prohibées.	Prohibées.	
de grains, de pommes de terre, etc.	id.	id.	id.	
de riz (Rack).	id.	id.	id.	
EAUX minérales (3), non compris le droit dû sur les contenans	100 k. B.B.	» 50	» 50	» 25
gazeuses, en cruchons de grès commun	id.	1 »	1 10	
distillées (4), alcooliques	100 k. N.B.	150 »	160 »	2 »
sans alcool	id.	100 »	107 50	
de senteur (5), alcooliques.	id.	150 »	160 »	2 »
sans alcool	id.	100 »	107 50	
ÉCAILLES de Tortue, carapaces, de l'Inde	id.	100 »		
d'ailleurs, hors d'Europe.	id.	150 »	300 »	
des entrepôts . .	id.	200 »		» 25
onglons, de l'Inde	id.	50 »	150 »	

RENVOIS ET ASSIMILATIONS.	NOTES EXPLICATIVES.

Dames et damiers en bois commun peints —— Bimbeloterie.

(autres) —— Tabletterie.

Dattes —— Fruits de table exotiques , frais ou secs.

Dent de lion —— Feuilles ou racines médicinales.

Dentelles de coton ou mélangées de coton —— Tissus de coton.

Dents d'hippopotame , de cachalot , de narval , et de phoque —— Dents d'éléphant.

Dés à coudre et à jouer de fer, de cuivre et d'os——Mercerie commune.

de nacre ou d'ivoire —— Tabletterie.

d'or, d'argent ou de vermeil —— Bijouterie.

Dessins à la main —— Objets de collection.

Diamans montés —— Bijouterie.

Dictame —— Feuilles médicinales.

(fécule de) V. Fécules.

Dominoterie (gravures grossières) —— Mercerie commune.

Dompte-venin —— Racines médicinales.

Douppions V. Soies.

Dragées V. Bonbons.

Draps V. Tissus de laine , de coton ou de soie , selon l'espèce.

Drèche (résidu de brasserie) —— Orge V. Céréales à la fin du Tarif.

Drogueries V. Feuilles, fleurs , écorces, racines ou fruits médicinaux, médicamens composés , etc. Consulter la nomenclature et la colonne des renvois et assimilations.

Duvet de cygne, d'eyder, d'oie, etc. V. Plumes à lit.

(1) On doit entendre par dents *entières*, celles qui sont coupées en tronçons de plus d'un kilo., et par dents *sciées*, l'ivoire débité ou les dents sciées dans l'épaisseur ou en tronçons d'un kilo. ou moins.

L'ivoire , scié en morceaux du poids de plus d'un kilog., paie comme dents entières.

Eau-de-vie d'Andaye —— Liqueurs.

Eau forte —— Acide nitrique.

régale —— Acide nitro-muriatique.

de javelle —— Acide muriatique.

de poix ou de raze —— Térébenthine (essence de).

de Cologne —— Eaux de senteur alcooliques.

Eau de fleur d'orangers —— Eaux distillées sans alcool.

Écarlate V. Kermès en graine.

Échecs (jeux de) —— Tabletterie.

Échelles en bois —— Boissellerie.

Écheuilloires —— Instrumens aratoires.

Écossine —— Marbres (tous autres).

Écrans de main —— Mercerie commune.

(autres) —— Meubles.

Écritoires de corne , de bois ou d'os —— Mercerie commune.

de carton verni —— Carton moulé.

de cuir —— Peaux ouvrées.

d'ivoire —— Tabletterie.

de métal —— Plaqués.

Écuelles de bois —— Boissellerie.

(2) L'eau-de-vie *en bouteilles* paie, comme les autres liquides, en outre du droit qui lui est applicable , 15 centimes à l'entrée, et 1 centime à la sortie, par litre de contenance; V. Bouteilles pleines.

(3) La note précédente s'applique aux eaux minérales qu'on importe en bouteilles, c'est-à-dire , qu'outre le droit de 50 c., elles sont encore passibles de celui de 15 c. par litre de contenance.

(4) Particulièrement, l'eau de fleur d'orangers , de gaïac, de Portugal, de mélisse dite *des carmes*, le baume de Riga ou sympathique, l'élixir de Stoughton, et toutes les eaux non sucrées (autres que liqueurs) et provenant de l'infusion ou de la distillation de vulnéraires.

(5) Telles que l'eau de la reine de Hongrie— sans pareille , — impériale , — de Luce, — le lait de rose , etc., et toutes celles (autres que les essences) employées pour la toilette.

NOMENCLATURE.	BASES des PERCEPTIONS	DROITS D'ENTRÉE		DROITS de SORTIE.
		par Navires Français.	par Navires Étrangers et par Terre.	
ECAILLE de Tortue, onglons, d'ailleurs, hors d'Europe .	100 k. N. B.	75 »	150 »	» 25
des entrepôts . . .	id.	100 »		
rognures, de l'Inde	id.	25 »		
d'ailleurs, hors d'Europe.	id.	37 50	75 »	
des entrepôts . . .	id.	50 »		
ECAILLES d'ablette	100 k. B.B.	5 »	5 50	4 08
ECHALAS en bois commun	1000 en N.	» 25	» 25	1 »
ECORCES de pin, non moulues	100 k. B.B.	» 10	» 10	4 »
moulues	id.	1 »	1 10	» 10
à tan (1), non moulues	id.	» 10	» 10	Prohibées. (2)
moulues.	id.	» 50	» 50	
ECORCES d'aulne, de bourdaine et de grenade . .	id.	1 »	1 10	4 »
de tilleul, pour cordages	id.	» 10	» 10	1 »
d'oranges, de citrons, de bigarades et variétés.	id.	17 »	18 70	» 25
médicinales (3)	100 k. N.B.	150 »	160 »	» 25
EFFETS à usage, (lingerie en pièces cousues) . . .	. . . .	comme le tissu dont ils sont formés, et le 10e en sus.		» 25
(habillemens neufs)		comme le tissu dont ils sont faits.		
(habillemens supportés (4) ou vieux)	100 k. N.B.	51 »	56 »	» 25
EMAIL en gâteaux ou en poudre	1 k. N.B.	2 »	2 20	» 25
EMERI en pierres.	100 k. B.B.	2 »	2 20	les 100 kilog. » 25
en poudre.	id.	8 »	8 80	
ENCRE à dessiner, en tablettes	1 k. N.B.	1 »	1 10	2 f. les 100 k.
liquide, à écrire ou à imprimer (5) . . .	100 k. N.B.	60 »	65 50	
ENGRAIS (6)	100 k. B.B.	» 10	» 10	» 25
EPICES préparées	1 k. N.B.	2 »	2 20	» 25
EPONGES communes	100 k. N.B.	60 »	65 50	les 100 k. » 25
fines	id.	200 »	212 50	
ESPARRES en bois commun, de 15 centimèt. inclus à 25 exclus, en diam.	la pièce.	» 75	» 75	3 75
ETAIN brut, de l'Inde	100 k. B.B.	» 50	4 »	2 »
d'ailleurs	id.	2 »		
battu ou laminé	100 k. N.B.	60 »	65 50	1 »
ouvré (7)	100 k. B.	Prohibé.	Prohibé.	
ETAIN de glace, ou bismuth	100 k. B. B.	comme Étain selon l'espèce.		» 25
EXTRAITS de bois de teinture	100 k. B.	Prohibés.	Prohibés.	5 »
FAÏENCE (poterie et ouvrages de)	100 k. N.B.	49 »	53 90	» 50
FARD (de toilette) blanc.	id.	98 »	105 40	2 »

Ecume de mer brute —— Terres servant aux arts.
　　　　ouvrée en pipes —— Mercerie fine.
Edredon V. Plumes à lit.
Elan (pieds d') V. Pieds.
Elixirs de Stoughton —— Eaux distillées.
　　(autres) —— Médicamens composés.
Emporte-pièces —— Outils de fer rechargé d'acier.
Encens fin ou commun —— Résineux exotiques ou résines indigènes, selon l'espèce.
Enclumes —— Outils de fer rechargé d'acier.
　　(plaques d') —— Fer en barres plates de 213 à 458 millim.
Endive (plante) —— Légumes verts.
　　(graine d') —— Fruits médicinaux.
Epeautre —— Froment, V. Céréales, à la fin du Tarif.
Epées —— Armes de luxe , blanches.
Eperons d'argent —— Orfévrerie d'argent.
　　bronzés , plaqués ou argentés —— Plaqués.
　　grossiers, limés, noircis ou étamés —— Mercerie commune.
Epinettes V. Instrumens de musique.
Epine-vinette —— Bois de teinture non dénommés.
Epingles d'or ou d'argent —— Bijouterie.
　　de cuivre ou de fer —— Mercerie commune.
Equerres —— Instrumens de calcul.
Erable —— Bois à construire.
　　(planches d') teintes —— Bois d'ébénisterie non dénommés.
Escourgeon —— Orge, V. Céréales, à la fin du Tarif.
Esprit de vin V. Eaux-de-vie de vin.
Esquine —— Racines médicinales.
Essences V. Huiles.
　　de térébenthine V. Térébenthine.
Estampes V. Gravures.
Esturgeons —— Poissons de mer.
Esule —— Racines médicinales.
Etaux —— Outils de fer rechargé d'acier.
Ethers —— Médicamens composés.
Etoffes V. Tissus.
Etoupes V. Chanvre ou lin , selon l'espèce.
Etriers bronzés , plaqués ou argentés —— Plaqués.
　　grossiers, limés, noircis ou étamés —— Mercerie commune.
Etrilles —— Outils de pur fer.
Etuis de bois, d'os et de gainerie —— Mercerie commune.
　　d'ivoire et de nacre —— Tabletterie.
　　de mathématiques —— Instrumens de calcul.
Eventails fins (8) ou communs —— Mercerie fine ou commune.
Extrait d'absinthe —— Liqueurs.
　　de viandes , en pains V. Viandes.
Extraits liquides épicés, pour sauces. —— Epices préparées
Eygi —— Noix de galle , légères.

Fabago —— Racines médicinales.
Fahon —— Feuilles médicinales.

(1) Ce sont celles de chêne, de hêtre, de charme, de saule , de bouleau blanc et de sapin.

(2) *Écorces à tan.* Il y a exception :
1° Par la rivière de la Meuse, par où on peut en exporter des quantités illimitées, en payant, savoir :

Écorces à tan. { de sapin. { non-moulues.... » 50 / moulues.—Tan. » 25 } { autres... { non-moulues... 2 » / moulues.—Tan. 1 » }

par 100 kil. brut (*Ordonnances des 4 octobre* 1820 *et 29 juin* 1833.)
2° Par la commune de Septmoncel, canton et arrondissement de Saint-Claude , département du Jura. On peut exporter annuellement 150,000 kilog. d'écorce de sapin non-moulue provenant de sa banlieue , à charge d'en établir l'origine par certificats du maire , d'en effectuer la sortie par la douane de Mijoux , et de payer le droit de 50 cent. par 100 kilog. brut (*Ordonnances des* 30 *août* 1820 *et 29 juin* 1833.)
Lorsque le gouvernement suspend la prohibition par d'autres points qu'il désigne, les écorces à tan paient les droits rappelés ci-dessus et fixés par l'ordonnance du 29 juin 1833.

(3) Sauf le quinquina qui est spécialement tarifé; V. ce mot.

(4) Les habillemens et le linge de corps à l'usage des voyageurs , quand ils ont été réellement supportés et qu'ils n'excèdent pas le nombre strictement nécessaire, sont exemptés de tous droits d'entrée et de sortie, lors même qu'ils n'accompagnent pas les voyageurs. Cette exemption s'applique aux habits de théâtre qui suivent les acteurs dans leur déplacement.

(5) Voyez aussi noir d'imprimeur.

(6) Cette définition comprend les fientes d'animaux , la poudrette, la poudre végétative , la colombine , le terreau , le fumier et les cendres de tourbe.

(7) Les ouvrages en étain brisés ou qu'on fait briser en douane sont admis au droit de l'étain brut.

(8) Les éventails *fins* sont ceux dont la valeur excède 1 f. 50 c. la pièce.

7 *

NOMENCLATURE.	BASES des PERCEPTIONS.	DROITS D'ENTRÉE par Navires Français	par Navires Étrangers et par Terre.	DROITS de SORTIE.
FARD rouge.	1 k. N.B.	17 »	18 70	» 02
FAUCILLES (1).	100 k. N.B.	80 »	86 50	1 »
FAULX (1)	id.	150 »	160 »	
FÉCULES de manioc et de pommes de terre	100 k. B.B.	7 »	7 70	» 25
de dictame et de flèche indienne	100 k. N.B.	41 »	45 10	
FER (minerai de) chrômaté	100 k. B.B.	1 »	1 10	5 (2)
sulfuré ou non	id.	1 »	1 10	Prohibé.
(fonte de) brute, en gueuses par mer. . . . . de 400 kil. au moins	id.	9 »	9 90	
par terre, de la mer à Solre-le-Château, exclus.	id.	» »	9 »	» 25
de Solre-le-Château à Rocroy, inclus.	id.	» »	4 »	
par les autres frontières . .	id.	» »	6 »	
de toute autre espèce (brute). . .	100 k. B.	Prohibée.	Prohibée.	» 25
épurée, ou mazée	100 k. B.B.	15 »	16 50	
moulée pour projectiles de guerre. .	. . . .	Prohibée (3).	Prohibée (3).	Prohibée.
toute autre	100 k. B.	id. (3)	id. (3)	» 25
forgée en massiaux ou prismes (4). .	id.	id.	id.	
FER en barres (5) plates, de 458 millimètres et plus (6) . . .	100 k. B.B.	25 »	27 50	
de 213 millim. à 458 exc.(7)	id.	36 »	39 60	
de moins de 213 millim . .	100 k. N.B.	50 »	55 »	
carrées, de 22 millim. et plus(8) . .	100 k. B.B.	25 »	27 50	
de 15 millim., à 22 exclus(9).	id.	36 »	39 60	» 25
de moins de 15 millim . .	100 k. N.B.	50 »	55 »	
rondes, de 15 millim. et plus (10) . .	100 k. B.B.	36 »	39 60	
de moins de 15 millim.	100 k. N.B.	50 »	55 »	
platiné ou laminé, noir. Tôle	100 k. B.B.	40 »	44 »	
étamé. Fer-blanc . . .	100 k. N.B.	70 »	76 »	
de tréfilerie. Fil de fer, même étamé . . .	100 k. N.B.	60 »	65 50	
ouvré (ouvrages en fer, tôle ou fer-blanc) . .	100 k. B.	Prohibé	Prohibé.	» 25
FERRAILLE et mitraille	id.	Prohibées (11).	Prohibées (11).	
FEUILLES de bétel et de girofle	100 k. N.B.	41 »	45 10	
de lierre et d'oranger (tiges comprises).	100 k. B.B.	1 »	1 10	
et follicules de séné (entières ou en grabeau) du Sénég. fr.	100 k. N.B.	20 »	» »	» 25
d'ailleurs . .	id.	100 »	107 50	
médicinales	100 k. B.B.	30 »	33 »	
tinctoriales	id.	1 »	1 10	6 »
FEUTRE à doublage	100 k. N.B.	100 »	107 50	» 25
(ouvrages en) (12). Feutres, à filtrer, semelles, etc. . . .	id.	400 »	417 50	

| RENVOIS ET ASSIMILATIONS. | NOTES EXPLICATIVES. |

Faines (fruits) —— Noix.
(huile de) —— Huile de noix.
Fanons de baleine V. Baleine.
Farines V. Céréales, à la fin du Tarif.
Fauvie —— Sumac.
Fenasse —— Graines de prairie.
Fenouil (graine ou racine de) —— Fruits ou racines médicinaux.
(huile de) V. Huiles.
Fenu-grec (graine et farine de) —— Graines de prairie.
Fernambouc V. Bois.
Férole (bois de) —— Bois d'ébénisterie non dénommés.
Fers à canon de fusil et de pistolet —— Fer en barres plates de 458 millim.
à cheval —— fer ouvré.
à cheveux, à repasser ou à gauffrer —— Outils de pur fer.
à rabots —— Outils de fer rechargé d'acier.
Feuilles de fustet, redoul et sumac —— Sumac.
de gui de chêne V. Gui de chêne.
de houx, de myrte et de noyer —— Feuilles tinctoriales.
de mûrier —— Herbes de pâturage, V. Foin.
Féverolles —— Légumes secs.
Fèves communes —— Légumes secs.
de malac et de St-Ignace —— Fruits médicinaux.
de pechurim —— Muscades longues.
de tonka —— Vanille.
Ficelles —— Cordages.
Fiches de fer —— Fer ouvré.
d'os, à jouer —— Mercerie commune.
de nacre et d'ivoire —— Tabletterie.
Fifres V. Instrumens de musique.
Figues —— Fruits de table exotiques , frais ou secs.
Fil de fer , d'acier , de cuivre et de laiton V. ces métaux.
Filasse V. Chanvre ou lin.
Filets pour chevaux —— Sellerie en cuir.
Filières —— Outils de pur acier.
Filoselle V. Tissus et bonneterie de fleuret , et Soie (bourre de) filée.
Fioles et flacons de verre —— Bouteilles.
de cristal —— Verrerie.
Flageolets V. Instrumens de musique.
en bois blanc, peints en jaune ou noir —— Bimbeloterie.
Flambeaux V. Chandeliers.
Flammes —— Instrumens de chirurgie.
Flanelle —— Tissus de laine ou de coton.
Fléaux de balance en bois —— Boissellerie.
en fer ou cuivre —— Outils de cuivre ou de pur fer.
Flèches pour jeux d'arc —— Mercerie commune.
(objets de curiosité) —— Objets de collection.
Fleuret V. Soie (bourre de) filée et tissus de fleuret.
Fleurets (lames de) —— Mercerie fine.
Fleurs de benjoin —— Acide benzoïque.

(1) Voir la note relative aux instrumens aratoires.
(2) Le minerai de fer *chromaté* ne peut-être exporté que par les bureaux de Briançon, St-Tropez , Cavalaire et Marseille.
(3) Les débris de fonte provenant des colonies françaises, sont admis au droit de la fonte brute en gueuses de 400 kil.
(4) De 12 à 16 pouces de longueur et pesant 35 kil. au moins.
(5) Les fers en barres importés par les ports d'entrepôt-réel, et qui sont *traités au charbon de bois et au marteau*, sont admis aux droits inférieurs de la loi de 1814 lorsqu'ils y arrivent accompagnés de factures, chartes-parties, connaissemens, police d'assurance, quittances des droits payés au passage du Sund (pour ceux provenant de Suède , de Norwège et de Russie) et autres pièces attestant leur origine, les lieux du chargement , ceux de relâche , etc.
Ces droits ne sont plus, pour chacune des dimensions indiquées au tarif, que les suivans , savoir :

	par navires franç.	p. navires étrangers.
Fer plat et carré.. {	15 f. »	10 f. 50
	25 »	27 50
	40 »	44 »
Fer rond. .... {	25 »	27 50
	40 »	44 »

Le déclarant souscrit soumission de s'en rapporter à la décision des experts du Gouvernement auxquels on soumet des échantillons des fers, ainsi que les pièces justificatives de leur origine.
(6) 90 lignes et plus, la largeur multipliée par l'épaisseur.
(7) 42 à 90 lignes *idem.*
(8) 10 lignes et plus sur chaque face.
(9) 7 à 10 lignes *idem.*
(10) 7 lignes et plus de diamètre.

(11) La ferraille et la mitraille et les débris de fonte provenant des colonies françaises , sont admis aux droits fixés pour la fonte brute en gueuses de 400 kil.

(12) Pour les chapeaux et schakos en feutre, V. ces mots.

NOMENCLATURE.	BASES des PERCEPTIONS.	DROITS D'ENTRÉE par Navires Français.	par Navires Étrangers et par terre.	DROITS de SORTIE.
Fil de chanvre, simple, écru, bis ou herbé, d'étoupes. ou de lin.	100 k. B.B.	14 »	15 40	» 50
à voiles. .	id.	24 »	26 40	
de mulquinerie.	100 k. B.	24 »	26 40	Prohibé.
autre . . .	100 k. B.B.	24 »	26 40	
blanchi	id.	34 »	37 40	» 50
teint	100 k. N.B.	44 »	48 40	
retors (1), écru, à voiles	100 k. B.B.	29 »	31 90	
autre	100 k. N.B.	44 »	48 40	» 25e les 100 ko.
bis, herbé ou blanchi, à dentelles.	1 k. N.B.	10 »	11 »	
autre. .	100 k. N.B.	62 »	67 60	
teint.	id.	123 »	131 60	» 25
(mèches d'étoupes, ou *lunement*).	100 k. B.B.	10 »	11 »	
Fil de coton pur (2), ou mélangé	100 k. B.	Prohibé.	Prohibé.	
de laine (2) blanche	id.	id.	id.	» 25
teinte	id.	id.	id.	
de poil de chèvre.	100 k. B.B.	20 »	22 »	» 25
de chien.	100 k. B.	1 »	1 10	Prohibé.
de ploc de vache, et autres plocs	100 k. B.B.	9 »	9 90	» 25
de tous autres poils	100 k. B.	Prohibé.	Prohibé.	
Filets neufs (3), pour la chasse ou la pêche.. .	100 k. B.B.	25 »	27 50	» 25
Fleurs de lavande et d'oranger, même salées . .	id.	5 »	5 50	» 25
médicinales	id.	40 »	44 »	
Foin, paille, herbes de pâturage	id.	» 10	» 10	» 50
Fromages.	id.	15 »	16 50	1 »
Fruits de table, frais, exotiques.	id.	8 »	8 80	
indigènes	id.	4 »	4 40	
secs ou tapés	id.	16 »	17 60	» 25
confits à l'eau-de-vie . . .	100 k. N.B.	98 »	105 40	
oléagineux	100 k. B.B.	5 »	5 50	
médicinaux	id.	35 »	38 50	» 25
Futailles vides (4), montées, cerclées en bois . .	l'hectolitre.	» 25	» 25	
en fer . .	id.	2 20	2 20	» 50e(5)
démontées ou en bottes . .	la valeur.	10 p. °/0	10 p. °/0	10 p. °/0 (5)
Garance (6) en racine, verte	100 k. B.B.	5 »	5 50	1 »
sèche ou alisari . . .	id.	12 »	13 20	

RENVOIS ET ASSIMILATIONS.	NOTES EXPLICATIVES.

Fleurs d'oranger (Eau de) —— Eaux distillées sans alcool.
  artificielles —— Mode (ouvrages de).
Flin —— Pierres ferrugineuses.
Follicules de séné V. Feuilles.
Fonte de fer V. Fer (fonte de).
Forces à tondre les draps —— Outils de fer rechargé d'acier.
  les moutons —— Instrumens aratoires.
Forte-piano V. Instrumens de musique.
Fouets —— Mercerie commune.
  (manches de) —— Ouvrages en bois.
Fourches en bois —— Boissellerie.
  en fer —— Instrumens aratoires.
Fourchettes d'argent ou de vermeil —— Orfévrerie.
  de bois, de corne ou de métaux communs (*) —— Mercerie
    commune.
Fourrages V. Foin.
Fraises et framboises —— Fruits de table frais, indigènes.
Fraisier (racines de) —— Racines médicinales.
Franges —— Passementerie, selon l'espèce.
Froment V. Céréales, à la fin du Tarif.
Fumier V. Engrais.
Fuseaux en bois —— Boissellerie.
  d'acier pour mécaniques —— Outils de pur acier.
Fusils V. Armes à feu portatives.
  d'enfant —— Bimbeloterie.
  de boucher —— Outils de pur acier.
Fustet, fustic ou fustoc —— Bois de teinture non dénommés.

Gaïac (bois de) V. Bois.
  (écorces de) —— Écorces médicinales.
  (gomme de) —— Résineux exotiques.
  (huile de) V. Huiles.
Galnerie —— Mercerie commune.
Galanga —— Racines médicinales.
Galbanum —— Résineux exotiques.
Galipot V. Poix.
Gallium —— Fleurs ou herbes médicinales.
Galoches en bois, non garnies de fourrures V. Sabots.
  ferrées —— Mercerie commune.
  en cuir —— Peaux ouvrées.
Galons —— Passementerie, selon l'espèce.
Gants de peau avec poils —— Pelleteries ouvrées.
  autres —— Peaux ouvrées.
  de tricot —— Bonneterie, selon l'espèce.
Garde-vues —— Mercerie commune.
Garou (bois de) —— Bois odorans non dénommés.
  (écorce de) —— Écorces médicinales.
Gâteaux —— Farines selon l'espèce V. Céréales, à la fin du Tarif.
  au sucre —— Sucre terré.
Gazes V. Tissus de coton ou de soie.
Gazettes et journaux (collections de) —— Livres.
Gazomètres —— Instrumens de calcul.

(1) C'est le fil simplement doublé, retors ou non.

(2) Les fils de pur coton et de pure laine jouissent d'une prime à la sortie.

(3) Les vieux filets hors de service suivent le régime des drilles V. ce mot.

(4) Les barils vides de moins de 10 litres de contenance, font partie de la boissellerie, et sont imposés aux mêmes droits.
(5) Les futailles vides ou en bottes, destinées pour nos Colonies, le Levant, l'Italie, l'Espagne ou la pêche de la baleine, d'où elles rapportent des denrées, huiles, etc., peuvent sortir en franchise, mais à charge d'en assurer le retour par acquits-à-caution et dans un délai déterminé.
(6) La garance qu'on importe par les bureaux de terre d'Eschweiler, Stutzelbronn, Wissembourg, Lauterbourg et Strasbourg par la Wantzenau, et qu'on destine à être moulue dans les ateliers des départemens des Haut et Bas-Rhin, ne paie, celle verte, que 50 c., et celle sèche, que 1 f. par 100 kil. brut, à charge de la réexporter en poudre dans un délai de 6 mois.
(*) Les fourchettes en fer à manches de bois, de corne, etc., sont traitées comme coutellerie.

8

NOMENCLATURE.	BASES des PERCEPTIONS.	DROITS D'ENTRÉE.		DROITS de SORTIE.
		par Navires Français.	par Navires Étrangers et par terre.	
GARANCE moulue, ou en paille.	100 k. B.B.	3o »	33 »	» 5o
GAROU (racine de)	id.	1 »	1 10	4 »
GAUDE	id.	1 »	1 10	1 »
GENESTROLLE, ou genêt des teinturiers	id.	1 »	1 10	6 »
GIBIER vivant.	la valeur.	2 p.%	2 p.%	1/4 p.%
tué	100 k. B.B.	» 5o	» 5o	3 »
GINGEMBRE (1) (racines de)	id.	20 »	22 »	» 25
GINSENG (racines de)	100 k. N.B.	184 »	195 70	» 25
GIROFLE (clous de), de Bourbon.	1 k. N.B.	1 90	» »	
de la Guyane française. . .	id.	2 »	» »	
de l'Inde	id.	2 80		» 25
d'ailleurs, hors d'Europe .	id.	3 5o	4 »	les 100 k.
des entrepôts	id.	3 75		
(griffes ou pédicules de).	id.	le quart du droit des clous.		
GLU.	100 k. B.B.	15 »	16 5o	» 25
GOMMES pures d'Europe (2)	id.	1 »	1 10	10 20
exotiques (3) du Sénégal français. .	id.	10 »	» »	» 25
d'ailleurs, hors d'Europe . . .	id.	20 »	3o »	
des entrepôts	id.	25 »		
GOUDRON	id.	5 »	5 5o	1 »
GRAINES de lin (4).	100 k. B.B.	5 »	5 5o	» 25
de jardin, de fleurs et de tabac	id.	1 »	1 10	1 »
de pastel et de chardon cardières . . .	id.	1 »	1 10	2 »
forestales (5)	id.			
de coton	id.			
de garance	id.	1 »	1 10	» 25
de prairie (6)	id.			
de moutarde (sénevé)	id.	5 »	5 5o	» 25
de ricin	id.	15 »	16 5o	» 25
GRAINS perlés ou mondés	100 k. B.B.	12 »	13 20	» 25
durs à tailler (7), non percés	id.	12 »	13 20	» 25
GRAISSES de mouton, sain-doux et suif brut . . .	id.	15 »	18 »	
de cheval, d'ours et toutes autres	id.	19 »	20 90	1 »
de poisson(8), de pêche française	id.	» 15	» »	
étrang^re des pays hors d'Europe.	100 k. N.B.	4o »	56 »	» 25
des entrepôts . . .	id.	48 »		
GRAPHITE ou plombagine (mine de plomb noire) .	100 k. B.B.	5 »	5 5o	3 »

RENVOIS ET ASSIMILATIONS.	NOTES EXPLICATIVES.

Gélatine d'os —— Viandes (extrait de) en pains.

Gengeoles —— Fruits de table secs.

Genièvre V. Baies et Eaux-de-vie.

Génisses V. Bétail.

Gentiane —— Racines médicinales.

Gibecières —— Mercerie commune.

Girasols d'Orient —— Pierres gemmes.

     autres —— Agates.

Girofle (bois de) —— Bois odorans non dénommés.

    (écorces et feuilles de) —— Écorces et feuilles médicinales.

    (huile de) V. Huiles.

Glace (eau gelée) est exempte de tous droits.

Glaces étamées V. Miroirs.

    sans tain —— Verrerie.

Glaïeul —— Racines médicinales.

Glaise commune —— Argile.

    fine —— Terres servant aux arts.

    épurée de Baden —— Pétrole.

Glands de chêne —— Graines forestales.

Gobilles V. Chiques.

Goëmons —— Plantes alcalines.

Gombo —— Feuilles médicinales.

Gouges (ciseaux) —— Outils de pur acier, ou de fer rechargé d'acier.

Graines d'amome, de coquenaudier et de paradis —— Amome (graines de).

    d'abrus, de balisier et de panacoco —— Grains durs à tailler.

    de céréales V. Céréales, à la fin du Tarif.

    de lupin et d'orobe —— Légumes secs.

    oléagineuses V. Fruits.

    de vesce V. Vesce.

Grains de verre V. Vitrifications.

Granit —— Marbres (tous autres).

Grelots, y compris ceux en métal de cloche —— Mercerie commune.

Grenades (fruits) —— Fruits de table frais exotiques.

    (écorces de) V. Écorces.

    (fleurs de) —— Fleurs médicinales.

    (sirop de) —— Sirops.

Grenaille à giboyer —— Plomb ouvré.

Grenat (prime brute de) —— Agates brutes.

Grains autres —— Pierres gemmes.

Grès (pierres de) —— Matériaux.

    commun ou fin V. Poterie.

Griotes —— Marbres (tous autres).

Guédasses —— Potasses.

Guède —— Pastel.

Guimauve (fleurs et racines) —— Fleurs ou racines médicinales.

    (sirop et suc de) —— Sirops ou bonbons.

Guimbardes —— Mercerie commune.

Guitares V. Instrumens de musique.

Gypse commun —— Plâtre.

    cristallisé —— Albâtre.

Gypsophila (racine de) —— Garou.

---

(1) Le gingembre confit au sucre est traité comme confiture, et celui en poudre comme médicamens composés; V. ces mots.

(2) Ce sont les gommes d'abricotier, de cerisier, d'olivier cultivé, de pêcher, de prunier, etc.

(3) Nommément les gommes arabique, de Barbarie, de Bassora, de Gedda, du Sénégal, d'Yambo, et celles de monbain, de gehuph et d'olivier sauvage, etc. Les gommes résineuses sont reprises comme *résineux exotiques* V. ce mot.

(4) La graine de lin importée en droiture des ports de la Baltique ou de la Mer Blanche, ou des ports Russes de la Mer Noire, ne doit que le droit des graines de jardin (1 f. ou 1 f. 10 c.); V. ce dernier mot.

(5) Comme glands de chêne, graines de pin, de sapin, de bouleau, de joncs de marais, etc.

(6) Ce sont les graines d'esparcette, de fenu-grec, de foin et sain-foin , de luzerne, de ray-grass, de spergule, de trèfle, etc.

(7) Les grains durs à tailler, tels que les grains d'abrus, de balisier, de panacoco, etc., qu'on présente percées, ou enfilées, en colliers, chapelets, etc., sont traités et paient comme mercerie commune.

(8) La graisse des cétacées et autres poissons qui s'échouent sur nos côtes, paie le même droit que celle provenant de pêche française.

NOMENCLATURE.	BASES des PERCEPTIONS.	DROITS D'ENTRÉE.		DROITS de SORTIE.
		par Navires Français.	par Navires Étrangers et par terre.	
GRAVURES de portefeuille et d'ornement (1) . . .	100 k. N. B.	300 » plus 5 p. °/. de la valeur,	317 50	1 »
GRIGNON (marc d'olives sec)	100 k. B. B.	1 »	1 10	1 02
GROISIL, ou verre cassé	100 k. B.	» 10	» 10	prohibé.
GROISON (pierre craïeuse)	100 k. B. B.	5 »	5 50	» 25
GRUAUX de toutes sortes de grains	id.	7 »	7 70	» 25
GUI de chêne (branches, feuilles et baies de). .	id.	1 »	1 10	» 25
HERBES médicinales	100 k. B.B.	30 »	33 »	» 25
HOMARDS, de pêche française.	id.	exempts.	exempts.	» 25
étrangère	id.	1 »	1 10	
HORLOGERIE (ouvrages montés d')	100 k. B.	prohibés.	prohibés.	3 »
(fournitures d') (2)	1 k. N.B.	20 »	22 »	» 05
HORLOGES en bois (3)	la pièce.	1 »	1 »	» 05
HOUBLON	100 k. N.B.	60 »	65 50	2 »
HUILES (4) d'amande, de cacao, de laurier, de palme, de palma-christi ou de ricin et de pignon	100 k. B.B.	25 »	30 »	» 50
d'ambre (5), ou de ben chargée d'ambre. .	100 k. N.B.	204 »	216 70	
d'anis ou de fenouil	id.	408 »	425 50	
de cade, cèdre, cédria et genièvre	id.	62 »	67 60	
de citron, d'orange et leurs variétés. . . .	1 k. N.B.	4 »	4 40	
de gaïac	100 k. N.B.	102 »	109 60	
de girofle et de sassafras	id.	900 »	917 50	
de jasmin et autres fleurs	id.	102 »	109 60	2 » les 100 k.
de lavande, d'oxicèdre, de sandaraque ou toya . .	id.	62 »	67 60	
de macis ou de muscade	1 k. N.B.	9 »	9 90	
de marjolaine et de sauge	100 k. N.B.	74 »	80 20	
de Rhodes, ou bois de rose.	1 k. N.B.	98 »	105 40	
de romarin et autres de labiées	100 k. N.B.	164 »	174 70	
de rose et de cannelle	1 k. N.B.	100 »	107 50	
aromatiques non dénommées ci-dessus . .	100 k. N.B.	900 »	917 50	
HUILE d'olive comestible	100 k. B.B.	35 »	40 »	
propre aux fabriques seulement (6).	id.	25 »	30 »	» 50
de noix, de faîne et de noisette	id.	25 »	30 »	
de graines grasses (7)	id.	25 »	30 »	» 25
HUÎTRES fraîches, de pêche française	le 1000 en N.	exemptes.	exemptes.	» 01
étrangère	id.	1 50	5 »	
marinées, de toute pêche..	100 k. B. B.	25 »	27 50	1 02

RENVOIS ET ASSIMILATIONS.	NOTES EXPLICATIVES.

Gypse cristallisé —— Albâtre.
Gypsophila —— Garou.

Habillemens V. Effets à usage.
Hache-paille et hache-navets (lames de) —— Faulx.
        complets —— Machines et mécaniques.
Haches et hachoirs de boucher —— Outils de fer rechargé d'acier, ou de pur acier, selon l'espèce.
Hameçons —— Mercerie commune.
Harengs —— Poissons de mer.
Haricots —— Légumes verts, secs ou confits, selon l'espèce
Harmonica V. Instrumens de musique.
Harnais —— Sellerie en cuir.
Harpes et haut-bois V. Instrumens de musique.
Havre-sacs —— Peaux ouvrées.
Héliotrope, ou herbe aux verrues —— Herbes médicinales.
Hématites —— Pierres ferrugineuses.
Herbes de pâturage V. Foin.
Hermodate —— Racines médicinales.
Hêtre —— Bois à construire.
Histoire naturelle (objets ou échantillons d') —— Objets de collection.
Horloges de sable et d'eau —— Mercerie commune.
Houes —— Instrumens aratoires.
Houille V. Charbon de terre.
Housses de cheval —— Sellerie en cuir.
Hoyaux —— Instrumens aratoires.
Huiles de baleine, de foie de Bergen et de poisson —— Graisses de poisson.
de gabian, de pétrole, minérales d'écosse, et de pierre —— Pétrole.
de pied de bœuf —— Graisses de cheval, etc.
de soufre ou de vitriol —— Acide sulfurique.
de tartre ou de potasse liquide —— Potasses.
de térébenthine V. Térébenthine (essence de).
grasses d'arachis —— Huile d'olive comestible.
    de noisette —— Huile de noix.
    de sésame —— Huile d'olive comestible.
d'absinthe —— Huile de romarin.
d'anacarde —— Huile d'amande.
d'angélique —— Huile d'anis.
d'aspic —— Huile de lavande.
de ben —— Huile de laurier.
de bouleau —— Huile de cade.
de cajéput —— Huiles aromatiques non dénommées.
de camomille —— Huile de jasmin.
de carvi —— Huile d'anis.
de castor —— Huile d'amande.
de coco —— Huile d'amande.
de coriandre —— Huile d'anis.
de coulilawan —— Huile de girofle.
de cumin —— Huile d'anis.
de genévrier —— Huile de lavande.
de gingembre —— Huile de girofle.
de kerva —— Huile d'amande.
de laurinée —— Huile d'amande.
de mélisse et de menthe —— Huile de romarin.
d'ombellifère —— Huile d'anis.
de poix —— Huile de cade.
de rue —— Huile de gaïac.
de sabine —— Huile de lavande.
de stecas ou stœchas —— Huile de lavande.
de thym —— Huile de romarin.

(1) Elles ne sont admises à l'entrée que par les seuls bureaux du Havre, Calais, Lille, Blanc-Misseron, Strasbourg, St.-Louis, Les-Rousses, Bellegarde, Pont-Beauvoisin, Saint-Laurent-du-Var et Marseille, et sont soumises, en outre, au même régime que les Livres; V. la note relative aux livres.

(2) Cette dénomination ne s'applique pas aux outils dont se servent les horlogers, quelque fins qu'ils puissent être.
(3) Les horloges en bois à serinettes doivent, indépendamment du droit de 1 f., celui des serinettes qui est de 3 f.
(4) Les lies acquittent les mêmes droits que leurs huiles.
Les essences alcooliques et aromatiques de fleurs sont des eaux de senteur et tarifées comme telles.

(5) Il est question ici de l'huile ambrée ou chargée d'ambre. Celle distillée d'ambre jaune rentre dans la classe des médicamens composés; V. ce mot.

(6) Les huiles d'olive déclarées comme *propres aux fabriques seulement*, doivent, aux termes d'un arrêté du ministre des finances du 31 décembre 1823, être mélangées à leur passage en douane, de 1/200 d'essence de térébenthine, c'est-à-dire, dans la proportion de cinq hectog, par 100 kil. d'huile. Toutefois, sur les réclamations du commerce, l'exécution de cette mesure a été suspendue dans plusieurs douanes, et notamment dans celles de Marseille, Bordeaux, Nantes, etc.
(7) Ce sont celles de cameline, de chenevis ou de chanvre, de colza, de lin, de navette, d'oliette, de pavot, et de rabette.

8 *

NOMENCLATURE.	BASES des PERCEPTIONS.	DROITS D'ENTRÉE		DROITS de SORTIE.
		par Navires Français	par Navires Étrangers et par terre	
HYDROMEL	l'hectolitre.	25 »	25 »	» 15
INDIGO de l'Inde	1 k. N.B.	» 75		
d'ailleurs hors d'Europe	id.	1 »	4 »	» 50
des entrepôts.	id.	3 »		les 100 k.
INSTRUMENS aratoires (1) Faulx	100 k. N.B.	150 »	160 »	
Faucilles et *tous autres*.	id.	80 »	86 50	1 »
INSTRUMENS de calcul, d'optique et d'observation (2).	la valeur.	30 p. %.	30 p. %.	¼ p. %.
de chirurgie et de chimie	id.	10 p. %.	10 p. %.	
INSTRUMENS de musique (3), Fifres, flageolets, et galoubets .	la pièce.	» 63	» 63	» 04
Flûtes, poches et triangles. .	id.	» 75	» 75	
Sistres, mandolines, psalterions, luths, tambours, tambourins, timbales, tympanons et cymbales (la paire).	id.	1 50	» 50	» 08
Alto, violes, violons, bassons, guitares, lyres, cors, serinettes, serpens, trompes, trompettes et trombones .	id.	3 »	3 »	» 15
Clarinettes et haut-bois . . .	id.	4 »	4 »	» 20
Vielles simples	id.	5 »	5 »	» 25
Basses, contre-basses, chapeaux chinois et grosses caisses.	id.	7 50	7 50	» 38
Épinettes, harmonica, vielles organisées, et orgues portatives.	id.	18 »	18 »	» 90
Harpes	id.	36 »	36 »	
Forté-pianos (4), carrés. . .	id.	300 »	300 »	1 »
à queue ou en buffet.	id.	400 »	400 »	
Orgues d'église	id.	400 »	400 »	
non dénommés ci-dessus . .	. . . .	mêmes droits que leurs analogues.		
IPÉCACUANHA	100 k. N.B.	500 »	517 50	» 25
IRIS de Florence	id.	60 »	65 60	» 25
JAIS brut	100 k. B.B.	1 »	1 10	» 25
JALAP (racines de)	100 k. N.B.	100 »	107 50	» 25
(résine de)	id.	123 »	131 60	
JONCS forts exotiques, de l'Inde	id.	80 »	200 »	
d'ailleurs	id.	160 »		
et roseaux d'Eur., des jardins, en tiges entières.	100 k. B.B.	8 »	8 80	» 25
en tubes, sans nœuds.	id.	11 »	12 10	
en brochettes p. peignes à tisser	id.	18 »	19 80	
Presle	id.	5 »	5 50	
non dénommés ci-dessus (5).	id.	1 »	1 10	

Ignames (racines d') —— Légumes secs.
Images —— Gravures ou Dominoterie, selon l'espèce.
    en colle de poisson —— Mercerie fine.
Imbratta —— Amurca.
Immortelles —— Fleurs médicinales.
Indiennes —— Tissus de coton.
Indique et inde-plate —— Indigo à l'entrée, paient 5 f. par 100 kil. brut, à
                         la sortie.
Inula-campana —— Racines médicinales.
Iode —— Acide arsénieux.
Iris du pays ou Glaïeul —— Racines médicinales.
Ivoire brut —— Dents d'éléphant.
    (ouvrages en), V. Billes de billard et Peignes, et pour tous les
                      autres V. Tabletterie.
    (noir d') V. Noir.
    (râpures d') V. Râpures.
    (calciné) —— Noir d'ivoire.

Jabloires —— Outils de fer rechargé d'acier.
Jade —— Agates.
Jais travaillé —— Mercerie commune.
Jambons —— Viandes salées de porc.
Jarosse —— Vesce (graine de).
Jarres —— Poterie de terre ou de grès, selon l'espèce.
Jarretières élastiques —— Mercerie fine.
Jasmin (huile de) V. Huiles.
Jaspe —— Marbres (tous autres).
Jaune de Cassel, minéral, de Naples, de roi et jaune royal —— Couleurs
                            non-dénommées.
    de chrôme V. Chrômate de plomb.
Javelle (eau de) —— Acide muriatique.
Jetons d'ivoire et de nacre —— Tabletterie.
    d'os —— Mercerie commune.
Joaillerie —— Bijouterie.
Joujoux d'enfant —— Bimbeloterie.
Journaux (collections de) —— Livres, selon l'espèce.
    (pâte de) —— Bonbons.
Jubis et jujubes —— Fruits de table secs.
Jumens V. Bétail.
Jus de cerises —— Kirschwasser.
    épicés pour assaisonnement —— Épices préparées.

(1) Les instrumens aratoires, les limes et râpes, les scies, et les outils de toute sorte, ne peuvent être présentés *dans les ports maritimes*, qu'en colis de 50 kil. au moins, et sans mélange des espèces soumises à des droits différens.

Par la désignation d'instrumens aratoires, on n'entend que les outils *en fer* nécessaires à l'industrie rurale; les instrumens de l'espèce, *entièrement en bois*, tels que râteaux, fourches, etc. sont traités comme ouvrages en bois. Quant à ceux à combinaison, commes charrues; extirpateurs, hache-navets, hache-paille, herses, semoirs, ventilateurs, ils font partie des machines et mécaniques, lorsqu'ils sont composés en grande partie de bois, et non entièrement en fer.

(2) Les instrumens d'optique, de calcul, etc., sont ceux employés en astronomie, mathématique, navigation, optique et physique, et, en général, tous ceux nécessaires à des travaux scientifiques. Ils doivent, comme les machines et mécaniques, être accompagnés du plan colorié, et sur échelle, de leur forme, dimension, etc. Mais lorsqu'ils sont destinés pour Paris, on abrège toutes ces formalités, en les expédiant sur la Douane de cette Ville, sous double plomb et par acquit-à-caution.

(3) Il y a exemption de droits pour les instrumens portatifs qu'importent ou exportent les voyageurs pour leur usage personnel, ainsi que pour ceux dont se servent les artistes ambulans.

(4) S'il était présenté des forté-pianos d'une forme autre que carrée, à queue ou en buffet, ils paieraient les mêmes droits que ceux carrés, pourvu qu'ils ne fussent pas d'une valeur au-dessus de 1200 fr.; mais s'ils excédaient cette valeur, ils paieraient comme ceux *à queue*.

(5) Ce sont particulièrement le sparte brut qui vient d'Espagne, et les joncs et roseaux de marais dont on fait des balais, et qu'on emploie en vannerie et à garnir les chaises.

NOMENCLATURE.	BASES des PERCEPTIONS	DROITS D'ENTRÉE		DROITS de SORTIE.
		par Navires Français.	par Navires Étrangers et par Terre.	
Joncs odorans (1)	100 k. N.B.	41 »	45 10	» 25
Jus d'ananas et d'orange	l'hectolitre.	25 »	25 »	» 15
de citron et de limon, non concentré (2). . .	100 k. B.B.	1 »	1 10	⎫ » 25
de réglisse	100 k. N.B.	48 »	52 80	⎭
Kary (poudre de).	1 k. N.B.	2 »	2 20	» 25
Kermès animal, en grains, ou Graine d'écarlate. .	100 k. B.N.	1 »	1 10	les 100 k.
en poudre, des pays hors d'Europe.	1 k. N.N.	4 »	⎫ 6 »	2 » le k.
des entrepôts	id.	5 »	⎭	
Kirschwasser (eau-de-vie de cerises)	par hectolitre d'alcool pur.	200 »	200 »	» 10
Labdanum brut ou purifié . . . . , .	100 k. N.B.	92 »	99 10	» 25
Laines en masse, sans distinction (3).	la valeur.	30 p. %.	30 p. %.	⎫
teintes	100 k. N.B.	300 »	317 50	» 25
(déchets de) entières.	. . . .	comme les laines selon l'espèce.		les 100 kil.
lanices et tontices	100 k. B.B.	1 »	1 10	⎭
Laque naturelle de l'Inde	100 k. N.B.	50 »	⎱ 125 »	» 25
d'ailleurs	id.	100 »	⎰	
préparée, ou lack-lack, de l'Inde	id.	100 »	⎱ 250 »	5 »
d'ailleurs	id.	200 »	⎰	
rosette (couleur commune en pâte)	100 k. B.B.	35 »	38 50	2 »
Légumes secs et leurs farines	id.	10 »	11 »	» 25
verts.	id.	» 50	» 50	» 20
salés ou confits	id.	9 »	9 90	» 25
Levain ou levure de bière	id.	» 50	» 50	» 25
Lichens médicinaux	id.	15 »	16 50	» 25
tinctoriaux.	id.	1 »	1 10	2 »
Lies de vin liquides.	id.	1 »	1 10	2 04(4)
desséchées.	id.	1 »	1 10	7 14(4)
Liége en planches (5) et (rognures de).	id.	6 »	6 60	1 »
ouvré	100 k. N.B.	54 »	59 20	» 25
Limaçons	1000 en N.	1 »	1 »	» 50
Limailles de cuivre et de laiton	100 k. B.	1 »	1 10	Prohibées.
de fer et d'acier	100 k. B.B.	1 »	1 10	» 25
Limes et râpes(6)à grosses tailles, dites communes(7)	100 k. N.B.	80 »	86 50	1 »

RENVOIS ET ASSIMILATIONS.	NOTES EXPLICATIVES.

Jusquiame —— Herbes, racines ou fruits médicinaux.

(1) Le nard indien et le schénante. Ils s'emploient en médecine.

(2) Le jus de citron *concentré* ou *cristallisé* est l'acide citrique, et est taxé comme tel. Celui dont il est question ici est un jus liquide employé en teinture. Le jus de citron et de limon dont on se sert pour boisson, celui qu'on emploie en médecine et pour la confiserie, sont des sirops et sont imposés comme tels, V. ce mot.

Kague —— Pâtes d'Italie.
Kaléidoscopes —— Mercerie fine ou commune, selon l'espèce.
Kali —— Plantes alcalines.
Kamine mâle —— Naphte.
Kaolin —— Derle.
Karabé —— Succin.
Kermès minéral —— Médicamens composés.
Kina V. Quinquina.

Lacets —— Passementerie selon l'espèce.
Laines filées V. Fil de laine.
Laiton —— Cuivre allié de zinc.
Lames de sabre pour enfans —— Bimbeloterie.
    autres —— Armes blanches, selon l'espèce.
  de fleurets —— Mercerie fine.
  d'épées, de couteaux de chasse et à cannes à sucre —— Armes blanches de luxe.
Laminoirs de bijouterie et d'orfèvre. —— Machines et mécaniques.
Lampes V. les métaux *ouvrés* dont elles sont faites.
Lancettes —— Instrumens de chirurgie.
Langues de morue —— Poissons de mer.
Lanternes magiques —— Instrumens d'optique.
  à la douzaine —— Mercerie commune.
Lapis antalis —— Antale.
  lazuli, ou lazulite —— Pierres gemmes.
Lard —— Viandes de porc.
Lardoirs —— Outils de pur acier ou de cuivre.
Lattes —— Bois feuillard.
Laudanum —— Médicamens composés.
Laurier (baies et fleurs de) —— Fruits ou fleurs médicinaux.
  (huile de) V. Huiles.
Lavande (fleurs de) V. Fleurs.
  (herbe et graine de) —— Herbes ou Fruits médicinaux.
  (eau de) —— Eaux de senteur.
  (huile de) V. Huiles.
Lentilles —— Légumes secs.
Lessive résultant de la fabrication du savon —— Potasses.
Leviers —— Outils de pur fer.
Librairie V. Livres.
Liége brûlé V. Noir d'Espagne.
Lies de vin brûlées —— Potasses.
  d'huile —— Huiles, selon l'espèce.

(3) C'est sur la valeur que les laines ont à la frontière, que le droit de 30 p. % s'applique. Toutefois, cette valeur ne peut, en aucun cas, être inférieure aux prix suivans fixés comme *minimum* par la loi même, savoir :
  Laines brutes en suint... 1 f. le kil. net.
  dito lavées à froid.... 2 id.
  dito lavées à chaud.... 3 id.
La douane exige des importateurs autant de déclarations qu'il y a d'espèces de laines, et n'admet jamais dans le même acte des balles d'une valeur différente.
En cas de mésestimation de la part du déclarant, la douane a la faculté de retenir la marchandise pour son compte, en payant au propriétaire la valeur déclarée et le 10° en sus, dans les 15 jours qui suivent la notification du procès-verbal de retenue.

(4) Les lies de vin pressées et *encore humides* ne sont passibles à leur sortie que du demi-droit imposé sur la lie desséchée, c'est-à-dire, qu'on ne perçoit le droit de 7 f. 14 c. que sur la moitié du poids brut de la lie de vin pressée et encore humide.
(5) Le liége en planches, encore revêtu de sa croûte, ne doit que les trois-quarts du droit d'entrée.
(6) Voir la note relative aux instrumens aratoires, limes, etc., qu'on importe par *mer*.
(7) Ce sont les limes à queue non polies, habituellement empaillées et au paquet de six au plus. Les râpes à pain, en forme de fer à repasser, sont traitées comme râpes communes.

9

NOMENCLATURE.	BASES des PERCEPTIONS.	DROITS D'ENTRÉE		DROITS de SORTIE.
		par Navires Français.	par Navires Étrangers et par terre.	
LIMES et râpes, à polir, ou fines, de 17 centim. de long et plus (1)	100 k. N.B.	200 »	212 50	1 »
de moins de 17 centim.	id.	250 »	265 »	
LIN, en tiges brutes, vertes	100 k. B.B.	1 »	1 10	
sèches	id.	1 20	1 30	
rouïes	id.	1 50	1 60	» 25
tillé et (étoupes de)	id.	10 »	11 »	
peigné	id.	30 »	33 »	
LINGE de table (2), en pièces, ouvragé (3), écru .	100 k. N.B.	250 »	265 »	
(tissu de lin) blanchi.	id.	400 »	417 50	» 25
damassé, de toute sorte. .	id.	500 »	517 50	
LINON (4)	1 k. N.B.	25 »	27 50	» 25 les 100 kil.
LIQUEURS de la Martinique	l'hectolitre.	100 »	» »	
d'ailleurs.	id.	150 »	150 »	1 »
LITHARGE (oxide de plomb)	100 k. B.B.	10 »	11 »	» 25
LIVRES (5), en langues mortes ou étrangères . . .	id.	10 »	11 »	
en langue française. Mémoires scientifiques .	100 k. N.B.	50 »	55 »	
Autres ouvrages publiés à l'étranger	id.	100 »	107 50	1 »
réimprimés sur éditions françaises	id.	150 »	160 »	
imprimés en France (6)	100 k. B.B.	1 »	1 10	
Contrefaçons	. . . .	Prohibées.	Prohibées.	Prohibées.
MACIS, de l'Inde	1 k. N.B.	4 »	15 »	» 25 les 100 kil.
d'ailleurs	id.	12 »		
MACHEFER	100 k. B.B.	le 5e du droit de la fonte brute		» 10
MACHINES et mécaniques (7). Pompes à vapeur . .	la valeur.	30 p.%	30 p.%	1/4 p.%
Autres.	id.	15 p.%	15 p.%	
MAGNÉSIE	100 k. N.B.	200 »	212 50	2 »
MANCHES de gaffe, de 6 centimètres à 11 exclus. (8)	la pièce.	» 10	» 10	» 50
de fouine et de pinceaux à goudron . .	id.	» 02	» 02	» 10
MANGANÈSE	100 k. B.B.	1 »	1 10	» 25
MANNE	100 k. N.B.	80 »	86 50	» 25
MARBRES (blanc statuaire, jaune de Sienne, vert-de-mer et porte-or.) bruts écarris ou ébauchés .	100 k. B.B.	15 »	16 50	
sciés de plus de 16 centim. d'épais (9)	id.			
de 3 c. exclus à 16 inclus (10)	id.	22 50	24 70	» 05
de 3 c. ou moins . . .	id.	30 »	33 »	
sculptés, moulés, polis ou ouvrés	id.	40 »	44 »	» 01

RENVOIS ET ASSIMILATIONS.	NOTES EXPLICATIVES.

Lignes de pêcheur —— Mercerie commune.

Limons —— Citrons V. aussi Jus.

Lin (graine de) V. Graine de lin.

(huile et tourteaux de) V. Huiles de graines grasses et tourteaux.
filé V. Fil.

Linge ourlé, neuf ou supporté V. Effets à usage.

usé, déchiré ou à pansement —— Drilles.

Lingots. V. le métal dont ils sont formés.

Lithographies —— Gravures.

Lithographiques (Pierres), ou à lithographier——Pierres servant aux arts.

Longues-vues —— Instrumens d'optique.

Lorgnettes montées en corne, avec tubes de carton. —— Mercerie commune.

en métal —— Mercerie fine.

Lunettes en boîtes et à la douzaine —— Mercerie commune.

montées en or ou en argent —— Bijouterie.

d'astronomie et loupes —— Instrumens d'observation.

Lumachelles —— Marbres (tous autres).

Lupin —— Légumes secs.

Lustres —— Verrerie.

Luths V. Instrumens de musique.

Lycopode ou soufre végétal —— Résineux exotiques.

Lyres V. Instrumens de musique.

Lys de vallée —— Fleurs médicinales.

Macaroni —— Pâtes d'Italie.

Macarons —— Bonbons.

Maculatures de papier —— Drilles.

Madriers —— Bois à construire sciés, selon l'épaisseur.

Magnolier glauque —— Ecorces médicinales.

Malachites en masse ou en poudre —— Vert de montagne.

taillées —— Pierres gemmes taillées.

Malicorium —— Ecorces de grenade.

Malles non garnies —— Boissellerie.

garnies —— Mercerie commune.

Malt —— Orge V. Céréales à la fin du Tarif.

Malthe —— Asphalte.

Manches de brosse et de fouet —— Ouvrages en bois.

d'outils en bois, sans virole —— Ouvrages en bois.

avec virole ou en buis —— Mercerie commune.

Manchons —— Pelleteries ouvrées.

Mandolines V. Instrumens de musique.

Mandragore —— Racines médicinales.

(1) 75 lignes et plus.

(2) Voir la note relative aux toiles et tissus de lin et de chanvre qu'on importe par *mer*.

(3) C'est celui qu'on désigne particulièrement dans le commerce, sous le nom d'œil de perdrix, damier, grain d'orge, etc.

(4) Le linon peut, comme la batiste, être importé par mer, en colis de moins de 100 kil.

(5) Les livres ne peuvent être importés que par les seuls bureaux de Lille, Baisieux, Valenciennes, Forbach, Wissembourg, Strasbourg, St-Louis, Pontarlier, les Rousses, Bellegarde, Pont-Beau-voisin, Chaparcillan, Marseille, Béhobie, Bayonne, Bordeaux, Caen, Rouen, le Havre, Boulogne et Calais. Ils sont immédiatement dirigés, sous double plomb, et par acquit-à-caution, sur la préfecture du département, ou sur la douane de Paris, afin d'y être examinés et admis définitivement. S'il s'agit d'une traduction avec le texte en regard, c'est la langue de la traduction qui détermine le droit à percevoir (Note du Tarif officiel).

(6) Les livres imprimés en France et qu'on désire réintroduire, ne sont admis qu'autant qu'on en a demandé et obtenu l'autorisation du directeur de l'administration, à moins qu'il ne s'agisse de librairie destinée pour Paris même. En ce cas, on est dispensé de toute demande préalable, et les livres sont expédiés sans retard sur la douane de Paris, sous double plomb et par acquit-à-caution.

(7) On ne reçoit que des déclarations indiquant l'usage des machines, leur composition, poids, valeur, etc., et s'il s'agit de pompes à feu, leur force par rapport à celle des chevaux, ainsi que les diverses matières qui les composent. On exige aussi des dessins coloriés et sur échelle de toute espèce de machines et mécaniques, et une soumission cautionnée de la part du déclarant de payer tel supplément de droits qui pourrait résulter de la décision du comité consultatif des arts et manufactures auquel sont soumises les évaluations déclarées.

S'il s'agit de planches, cylindres ou coins gravés on fait déposer simplement une épreuve de chaque objet. Quant aux cylindres non gravés, on les admet au droit de 15 p. % sur une valeur conventionnelle de 2 f. 50 c. le kil., ce qui dispense d'en exiger la déclaration descriptive et le dessin sur échelle.

Il est entendu qu'il ne s'agit ici que de machines complètes ou de pièces détachées mais composant des mécaniques complètes ; quant aux pièces détachées de pompes à vapeur, elles ne peuvent être importées que sur l'autorisation du Ministre du commerce.

(8) 15 à 48 lignes.

(9) 71 lignes.

(10) 14 à 71 lignes.

NOMENCLATURE.	BASES des PERCEPTIONS.	DROITS D'ENTRÉE par Navires Français	par Navires Etrangers et par Terre.	DROITS de SORTIE.
MARBRES (blanc clair non veiné ou varié de couleurs.) bruts ou écarris	100 k. B.B.	10 »	11 »	
sciés de plus de 16 centim. d'épaisseur .	id.			» 05
de 3 c. exclus à 16 inclus.	id.	15 »	16 50	
de 3 c. ou moins	id.	20 »	22 »	
sculptés, moulés, polis ou ouvrés . . .	id.	40 »	44 »	» 01
(blanc veiné, bardille, brocatelle et bleu-turquin). bruts ou écarris	id.	5 »	5 50	
sciés de plus de 16 centim. d'épaisseur.	id.			» 05
de 3 c. exclus à 16 inclus. . .	id.	7 50	8 20	
de 3 c. ou moins. . . .	id.	10 »	11 »	
sculptés, moulés, polis ou ouvrés . .	id.	40 »	44 »	» 01
(tous autres) bruts ou simplement écarris	id.	3 »	3 30	
(sciés sur deux faces seulem.) de plus de 16 centim. d'épaiss. .	id.			
de 3 c. inclus. à 16 excl.	id.	4 95	5 40	» 05
de 2 à 3 cent	id.	6 »	6 60	
de moins de 2 cent. . .	id.	6 15	6 70	
sciés sur tranches, sans autre main-d'œuvre . .	id.	moitié en sus des droits ci-dessus selon leur épaisseur		» 05
sculptés, moulés, polis ou ouvrés.	id.	40 »	44 »	» 01
MARC de raisins	id.	» 10	» 10	» 10
de roses	id.	5 »	5 50	» 25
MARNE.	id.	» 10	» 10	» 02
MARRONS et leurs farines	id.	8 »	8 80	» 25
MASSICOT (oxide de plomb jaunâtre)	id.	37 »	40 70	» 25
MATEREAUX, de 25 cent. inclus. à 40 exclus. (1) .	la pièce.	3 »	3 »	15 »
MATS, de 40 cent. et au-dessus (2)	id.	7 50	7 50	37 50
MATÉRIAUX propres à la bâtᵗᵉ(3)(sauf les moëllons et les déchets de pierre)	100 k. B.B.	» 10	» 10	» 05
MAURELLE (chiffons imprégnés de couleur bleue) .	id.	25 »	27 50	2 55
MÈCHES soufrées.	id.	13 »	14 30	» 50
MÉDICAMENS composés.	1 k. B.	Prohibés (4)	Prohibés (4)	» 02
MÉLASSE, des Colonies françaises	100 k. B. B.	12 »	» »	» 25(5)
d'ailleurs	100 k. B.	Prohibée.	Prohibée.	
MERCERIE commune (6)	100 k. N.B.	90 »	107 50	1 »
fine	id.	200 »	212 50	2 »
MERCURE natif ou vif-argent	100 k. B.B.	20 »	22 »	» 25
MEUBLES de toute sorte	la valeur.	15 p.%.	15 p.%	1/4 p.%
MEULES à aiguiser, de plus 1218 millim. en diamèt.	la pièce.	5 »	5 »	
de 1218 à 1083 inclus id.	id.	2 50	2 50	2 50
de moins de 1083 à 920 id.	id.	1 75	1 75	1 75

Manglier noir —— Écorces médicinales.
Maniguette —— Amome (graines d').
Manioc V. Fécule de manioc.
Mappemondes —— Gravures ou instrumens d'observation, selon l'espèce.
Maquereaux —— Poissons de mer.
Marbre pulvérisé —— Marbres bruts, selon l'espèce.
Marcassites en masse —— Fer (minerai de) sulfuré.
     de choix pour bijoux —— Pierres gemmes.
Marc d'olives —— Amurca ou Grignon, selon l'espèce.
     d'amande ou de pignon —— Pâtes d'amande et de pignon.
Marjolaine —— Herbes médicinales.
     (huile de) V. Huiles.
Marly de pur fil —— Toile de lin écrue.
     de soie —— Gaze de soie V. Tissus.
Marmelade —— Confitures.
     d'anacarde —— Médicamens composés.
Marmites. V. Cuivre ou Fer ouvré, ou Fer (fonte de) moulée.
Maroquin —— Peaux préparées.
Marqueterie —— Meubles.
Marteaux de bijoutier, de ciseleur et d'horloger—— Outils de pur acier.
     (autres) —— Outils de fer rechargé d'acier.
Marum —— Herbes médicinales.
Masques —— Mercerie commune.
Massepains —— Sucre terré.
Mat —— Couleurs non dénommées.
Matelas —— Meubles.
Mécaniques V. Machines.
Mèches à tarière ou de vilebrequin, de 24 c. ou moins de long —— Outils de pur acier.
     (autres)—— Outils de fer rechargé d'acier.
     de coton en fil —— Fil de coton.
     tissées —— Bonneterie de coton.
     d'étoupes V. Fil de chanvre.
     de lampes de nuit —— Mercerie commune.
     chinoises —— Pastilles odorantes à brûler.
Méchoacan (racine de) —— Rhubarbe.
Médailles antiques —— Objets de collection.
     en plâtre, soufre, etc. —— Pierres ouvrées.
Mélisse —— Feuilles, fleurs ou herbes médicinales.
     (eau de) —— Eaux distillées.
Melons —— Fruits de table frais, indigènes.
     (pépins de) —— Fruits médicinaux.
Menthe —— Feuilles, fleurs ou herbes médicinales.
     (huile ou essence de) —— Huile de romarin.
Mercure (préparations de) —— Médicamens composés.
Mérinos et métis —— Moutons V. Bétail.
Merluches —— Poissons de mer.
Merrains V. Bois merrain.
Méteil —— Froment V. Céréales à la fin du Tarif.
Métiers —— Machines et mécaniques.
Métronomes —— Horlogerie (ouvrages d').

(1) 10 à 15 pouces de diamètre.
(2) 15 pouces et au-dessus. Le diamètre se prend au sixième de la longueur, à partir du gros bout.
(3) Tels que les pierres de taille brutes, les pierres meulières brutes, la pouzzolane, le tuf, etc. Les pierres taillées et prêtes à être assemblées sont considérées et traitées comme pierres ouvrées; V. ce mot.
(4) Sauf quelques exceptions d'utilité générale dont le directeur de l'administration se réserve l'autorisation.
(5) La mélasse provenant de nos raffineries de sucre a droit à une prime de sortie.
(6) Sont traités comme *mercerie fine*, tous les objets rangés dans la classe de la mercerie *commune* auxquels un travail plus parfait a ajouté une valeur indépendante de leur utilité première (et qui ne sont pas destinés à être vendus communément dans les foires de campagne), ainsi que les ouvrages en fer ou acier que le vif ou l'éclat de leur poli distinguent de ceux de la mercerie commune, lesquels ne sont ordinairement polis qu'au brunissoir. (Note du Tarif Officiel).

9 ★

NOMENCLATURE.	BASES des PERCEPTIONS.	DROITS D'ENTRÉE.		DROITS SORTIE.
		par Navires Français.	par Navires Étrangers et par terre.	
MEULES à aiguiser, de moins de 920 à 677 en diamètre.	la pièce.	1 »	1 »	1 »
de moins de 677 à 541 id. . .	id.	» 40	» 40	» 40
de moins de 541 à 406 id. . .	id.	» 20	» 20	» 20
de moins de 406 id. . .	id.	» 10	» 10	» 10
MEULES à moudre (1), de plus de 1949 mill. en diam.	id.	7 50	7 50	30 »
de 1949 à 1299 id. . .	id.	5 »	5 »	20 »
de moins de 1299 id. . .	id.	2 50	2 50	10 »
MIEL.	100 k. N.B.	moitié du sucre brut autre que blanc.		1 »
MIL et millet	100 k. B.B.	10 »	11 »	1 »
MINE-orange (oxide de plomb rouge divisé).	id.	35 »	38 50	2 »
MINIUM (oxide de plomb rouge)	id.	24 »	26 40	» 25
MIROIRS (2) grands, de plus de 3 mill. d'épaisseur . .	la valeur du tarif de la manufacture royale.	15 p.%	15 p.%	1/4 p.%
de 3 millim., ou moins id. . .	2/3 de cette valeur	15 p.%	15 p.%	1/4 p.%
petits, sans distinction d'épaisseur . . .	100 k. N.B.	100 »	107 50	» 25
MODES (3) (ouvrages de)	la valeur.	12 p.%	12 p.%	1/4 p.%
MOELLE de cerf	100 k. B.B.	13 »	14 30	» 25
MOELLONS (pierres pour la bâtisse) et déchets de pierres	id.	» 10	» 10	» 01
MONNAIES d'or	1 hect. B.B.	» 01	» 01	» 01
d'argent	1 k. B.B.	» 01	» 01	» 01
de cuivre.	100 k. B.B.	» 20	» 20	» 20
de billon	id.	1 »	1 10	1 »
MOTTES à brûler	1000 en N.	» 15	» 15	» 50
MOULES (coquillages pleins), de pêche française . . .	100 k. B.	exempts.	exempts.	} » 25
étrangère. . .	100 k. B.B.	1 »	1 10	
MOULES de boutons en bois	id.	13 »	14 30	» 25
MOUT de raisins	l'hectolitre.	les 2/3 des droits du vin, selon l'espèce.		
MOUTARDE (graine de)	100 k. B.B.	5 »	5 50	} » 25
(farine et confection de).	id.	25 »	27 50	
MURIATE de baryte, de chaux, de cuivre et d'étain.	100 k. N.B.	70 »	76 »	2 »
de potasse	100 k. B.B.	30 »	33 »	» 25
MUSC (4).	1 k. N.B.	120 »	128 50	» 25 les 100 kil.
MUSCADES rondes, de l'Inde	id.	4 »	} 15 »	} » 25 les 100 kil.
d'ailleurs	id.	12 »		
longues en coques, de l'Inde.	id.	2 »	} 7 50	
d'ailleurs.	id.	6 »		
MUSIQUE gravée (5).	100 k. N.B.	300 » plus 5 p. c/o de la valeur.	317 50	1 »
manuscrite	la valeur.	1 p.%	1 p.%	1/4 p.%

RENVOIS ET ASSIMILATIONS.	NOTES EXPLICATIVES.

Méum —— Racines médicinales.

Mica —— Talc.

Microscopes. —— Instrumens d'optique.

Mille-fleurs (eau de) —— Eaux de senteur.

Millet (tiges de) —— Joncs d'Europe non dénommés.

Mine de plomb noire V. Graphite.

Minerais V. Fer, cuivre, plomb, etc.

Miroirs d'optique —— Instrumens d'optique.

Mitraille V. Ferraille, cuivre, plomb, etc.

Molletons —— Tissus de laine.

Molybdène —— Graphite.

Momies entières —— Objets de collection.

    (débris de) —— Couleurs non dénommées.

Monnaies hors de cours, pour la numismatique——Objets de collection.

    pour la refonte —— Les métaux bruts dont elles sont composées.

Montres—— Horlogerie (ouvrages d').

    solaires pour les bergers —— Mercerie commune.

Montures d'éventails —— Mercerie commune ou fine, selon l'espèce.

    de parapluies paient le 5ᵉ du droit des parapluies en soie, V. ce mot.

Morelle —— Herbes médicinales.

Morfil ou morphil —— Dents d'éléphant.

Morilles —— Champignons.

Mors de bride —— Fer ouvré, orfévrerie ou plaqués, selon l'espèce.

Mortiers à piler —— Marbre, pierres, cuivre, fer, etc., ouvrés, ou Boissellerie.

    d'artillerie —— Armes de guerre d'affût.

Mortina —— Feuilles tinctoriales.

Morue —— Poissons de mer.

Mosaïques —— Pierres gemmes ou bijouterie selon l'espèce.

Mouches à miel V. Ruches.

    cantharides V. Cantharides.

Mouchettes en fer ou cuivre——Mercerie commune ou fine, selon l'éclat du poli.

    en acier —— Acier ouvré.

Mouchoirs —— Les tissus ou toiles dont ils sont composés.

Moules à balles —— Mercerie commune.

    à plâtre et autres en métal, pierre, soufre, etc. —— Machines et mécaniques.

    de boutons en fer, vernis ou non, en corne et en os —— Mercerie commune.

Moulins à café et à poivre montés. —— Mercerie commune.

    mobiles à farine et autres —— Machines et mécaniques.

Moulures en plâtre —— Pierres ouvrées.

Mousselines —— Tissus de coton.

Mousserons —— Champignons.

Mousses marines —— Lichens médicinaux.

Moutons V. Bétail.

Mouvemens de montres —— Horlogerie (ouvrages d').

Muguet —— Fleurs médicinales.

Mules et mulets V. Bétail.

Muriate d'ammoniac —— Sel ammoniac.

    d'ammoniaque antimonié —— Médicamens composés.

    jaune de plomb et de plomb fondu —— Couleurs non dénommées.

(1) Les pierres meulières brutes sont taxées comme matériaux, V. ce mot.

(2) Sont appelés *grands*, les miroirs ayant 40 centimètres (15 pouces) ou plus, en quelque sens que ce soit ; et *petits*, ceux d'une moindre dimension.

Les grands miroirs ou glaces encadrés doivent, en outre, le droit des cadres comme meubles, à raison de 15 p. % aussi de leur valeur.

(3) Cette dénomination comprend, outre les ouvrages de mode, proprement dits, les carcasses servant à monter les bonnets, les fleurs artificielles et les bandes de mousseline, de tulle et de percale brodées, ces dernières à la *sortie* seulement, attendu que toute espèce de tissu de coton est prohibé à l'entrée.

(4) Le musc importé en *vésicules*, jouit d'une tare de 35 p. %, outre celle à défalquer pour son emballage extérieur.

(5) La musique gravée étant assujétie en France à un droit de timbre, celle qu'on y importe de l'étranger est, après l'acquittement des droits de douane, expédiée par acquit-à-caution sur un bureau de timbre extraordinaire, au choix du déclarant, à l'effet d'y être timbrée. Si cependant elle était de nature à être dispensée du timbre, c'est-à-dire, s'il s'agissait de feuilles non périodiques ou œuvres quelconques de musique contenant plus de deux feuilles d'impression, elle serait remise à la disposition des importateurs immédiatement après le paiement des droits d'entrée.

Le droit de timbre fixe ou de dimension dont il est parlé ci-dessus, atteint

1° Toutes les feuilles périodiques, quelle que soit leur étendue,

2° Toute œuvre non périodique qui n'excède pas deux feuilles d'impression. Ce droit est

Pour chaque feuille de 24 centim. (feuilles ouvertes) de, ... » 05

Pour chaque demi-feuille de cette dimension, de........................ » 03

Les feuilles de papier de plus de 25 centimètres, et les demi-feuilles de plus de 12 centimèt. et demi paient 1 centime par 5 centimètres d'excédant.

La musique gravée peut être importée par tous les ports et bureaux de douane ouverts à l'entrée des marchandises payant plus de 20 fr. par 100 ᵏᵒ. V. page 12. Celle qui passe à l'étranger a droit, par compensation, au remboursement de la taxe du timbre.

NOMENCLATURE.	BASES des PERCEPTIONS.	DROITS D'ENTRÉE.		DROITS de SORTIE.
		par Navires Français.	par Navires Étrangers et par terre.	
Myrobolans secs	100 k. B.B.	16 »	17 60	» 25
confits.	100 k. N.B.	62 »	67 60	
Nacre de perle, franche ou argentée, en coquilles brutes, de l'Inde. .	100 k. N.B.	30 »	80 »	
d'ailleurs. . .	id.	60 »		
sciée ou dépouillée, de l'Inde. . de sa croûte	id.	60 »	160 »	
d'ailleurs . . .	id.	120 »		
à bords noirs (1), en coquilles brutes, de l'Inde. . dites bâtardes,	id.	15 »	40 »	» 25
d'ailleurs. . .	id.	30 »		
sciée ou dépouillée, de l'Inde. . . de sa croûte.	id.	60 »	160 »	
d'ailleurs . . .	id.	120 »		
Nankin (2) importé en droiture de l'Inde	1 k. N.B.	5 »	Prohibé.	» 50 les 100 kil
d'ailleurs	1 k. B.	Prohibé.	Prohibé.	
Naphte	100 k. B.B.	25 »	27 50	» 25
Natrons.	id.	6 50	7 10	» 10
Nattes (3) de paille, d'écorce, etc., grossières . . .	id.	5 »	5 50	» 25 les 100 kil.
fines.	1 k. N.B.	6 » plus 3 p. % de leur valeur.	6 60	
Nerfs de bœuf et d'autres animaux.	100 k. B.B.	1 »	1 10	9 18
Nerprun (baies de)	id.	10 »	11 »	8 »
Nitro-muriate d'étain	100 k. N.B.	70 »	76 »	2 »
Noir animal (4) d'ivoire	id.	62 »	67 60	2 »
d'os, de cerf et autres	100 k. B.B.	7 »	7 70	» 25
à souliers (cirage) et à repasser les rasoirs . . .	100 k. N.B.	123 »	131 60	
d'Espagne (liége brûlé)	100 k. B.B.	15 »	16 50	
de fumée (suie de résine)	id.	12 »	13 20	2 »
d'imprimeur en taille-douce, dit d'Allemagne.	id.	7 »	7 70	
minéral, dit de Grant, ou d'Angleterre . . .	id.	10 »	11 »	
dit terre de Cologne	id.	5 »	5 50	» 25
Noix et noisettes (5)	id.	8 »	8 80	2 »
de coco (6)	id.	25 »	27 50	» 25
de galle (7) pesantes, des pays hors d'Europe .	id.	8 »	15 »	
des entrepôts	id.	10 »		» 25
légères	id.	1 »	1 10	

RENVOIS ET ASSIMILATIONS.	NOTES EXPLICATIVES.

Muriate de mercure doux ou corrosif —— Médicamens composés.
  de soude —— Sel marin.
  (autres) non repris au présent Tarif —— Produits chimi-
    ques non dénommés.
Muscade (huile de) V. Huiles.
Myrrhe —— Résineux exotiques.
Myrte —— Feuilles tinctoriales.
  (baies de) et de myrtille —— Baies de genièvre.

(1) La nacre de perle en coquilles brutes à bords *noirs*, dite *bâtarde*, et les coquillages nacrés ne peuvent être importés que par les ports de Marseille, Bordeaux, Nantes et le Havre.

(2) Il ne s'agit ici que du nankin *jaune écru*; celui bleu ou blanc est rangé dans la classe des tissus de coton, et, comme ceux-ci, prohibé à l'entrée.

Nacelles V. Bateaux de rivière.
Nacre de perle ouvrée —— Tabletterie.
Nard indien —— Joncs odorans.
  des Alpes —— Racines médicinales.
Navets —— Légumes verts.
Navette (graine de) —— Fruits oléagineux.
  (huile de) —— Huiles de graines grasses.
  (tourteaux de) V. Tourteaux de graines oléagineuses.
Navettes de tisserand —— Machines et mécaniques.
Navires V. Bâtimens de mer.
Nécessaires de toilette et de voyage —— Tabletterie.
Nénufar —— Racines médicinales.
Néphrétique (bois de) —— Bois odorans non dénommés.
Néroly —— Huile d'orange.
Nhandirobe —— Herbes médicinales.
Nielle (graine de) —— Fruits médicinaux.
Nitrate de potasse et de soude V. Salpêtre.
Nitre (sel de) —— Salpêtre (nitrate de potasse).
  (esprit de) —— Acide nitrique.
  (beurre de) —— Médicamens composés.
Noix et noisettes (huile de) —— Huiles de noix.
Noix d'acajou, d'anacardium, d'arec, des Barbades, de ben, de
  cyprès et noix vomiques, même en poudre —— Fruits médicinaux.
  muscades V. Muscades.
  pacanes —— Fruits de table frais, exotiques.
  de ravensara —— Muscades longues en coques.
Nous ou noves de morue —— Poissons de mer.
Nougat —— Sucre terré.
Noyaux —— Noix.
Noyer (bois de) —— Bois à construire.
Numéraire V. Monnaies.

(3) Par décisions transmises en quelques douanes, on assimile les nattes de joncs et d'écorce qu'on importe de l'Inde, savoir : celles grossières à la vannerie en *végétal brut*, et celles fines à la vannerie en *végétal* coupé.

(4) Le charbon d'ivoire, d'os et de corne, entièrement brûlé et calciné à l'air libre, et devenu blanc, s'appelle *spode*, et paie comme le noir d'ivoire ou d'os, selon sa nature.

(5) Les noix et noisettes, encore recouvertes de leur première enveloppe ou pulpe, paient comme fruits de table frais indigènes.

(6) Les petites noix de coco, quoique pleines, mais qui n'ont que 7 à 10 centimètres de longueur (3 à 4p^{ces}) et celles plus fortes mais qui ne sont plus mangeables ne doivent que le droit des coques de coco; V. Coco (coques de).

(7) Les noix de galles pesantes sont noires, vertes ou blanches et garnies de petites aspérités; celles légères qui sont d'une moindre valeur sont lisses, blanchâtres et très-légères.

10

NOMENCLATURE.	BASES des PERCEPTIONS.	DROITS D'ENTRÉE par Navires Français	par Navires Étrangers et par terre.	DROITS de SORTIE.
Objets de collection	la valeur.	1 p.%	1 p.%	1/4 p.%
Ocre rouge, jaune et verte	100 k. B.B.	2 »	2 20	» 01
Œufs de volaille et de gibier.	id.	» 50	» 50	2 »
de vers à soie	id.	1 »	1 10	} » 25
de fourmis	100 k. N.B.	62 »	67 60	
Olives fraîches	100 k. B.B.	5 »	5 50	4 »
macérées ou confites (1)	id.	36 »	39 60	» 25
Opiats dentifrices	100 k. N.B.	184 »	195 70	2 »
Opium	id.	200 »	212 50	» 25
Or (2) brut en masses, lingots, barres, poudre, etc.	1 hect N.N.	» 25	» 25	» 25
battu en feuilles	1 hect. N.B.	30 »	33 »	} » 04
tiré ou laminé (lames, paillettes, traits et clinquans).	id.	10 »	11 »	
filé sur soie	id.			
Oranges fraîches, sèches et amères	100 k. B.B.	10 »	11 »	» 25
Orcanette (racine rouge)	id.	5 »	5 50	4 »
Oreillons à fabriquer la colle-forte	id.	1 »	1 10	prohibés.
Orfévrerie (3) d'or ou de vermeil	1 hect. N.N.	10 »	11 »	» 50
d'argent	id.	3 »	3 30	» 15
Orpiment ou orpin en masses.	100 k. B.B.	15 »	16 50	» 25
pulvérisé	id.	35 »	38 50	2 »
Orseille naturelle.	id.	1 »	1 10	2 »
violette ou cudbeard.	100 k. N.B.	200 »	212 50	} 2 50
bleu cendré, ou tournesol en pâte ou pierres.	id.	100 »	107 50	
Os de bétail	100 k. B.B.	» 10	» 10	20 »
de cœur de cerf	100 k. N.B.	41 »	45 10	} » 25
de sèche	100 k. B.B.	5 »	5 50	
Osier en bottes, brut.	id.	» 50	» 50	» 80
pelé ou fendu	id.	» 50	» 50	1 20
Outils (4) de pur fer	100 k. N. B.	50 »	55 »	
de fer rechargé d'acier.	id.	140 »	149 50	} 1 »
de pur acier	id.	200 »	212 50	
de cuivre ou de laiton	id.	150 »	160 »	
Outremer (couleur en tablettes)	1 k. N.B.	62 »	67 60	2 » les 100 k°.
Outres en peau contenant des liquides (5).	la valeur.	10 p.%	10 p.%	1/4 p.%
Ouvrages en bois non dénommés.	id.	15 p.%	15 p.%	» 25 les 100 k.
en cheveux (perruques et autres)	1 k. N.B.	2 »	2 20	
Oxides de cuivre.	100 k. B. B.	7 »	7 70	» 25

RENVOIS ET ASSIMILATIONS.	NOTES EXPLICATIVES.

Obsidienne —— Agates.

Octans —— Instrumens de calcul.

Oeil de chat et du monde —— Agates.

Oeufs de poissons préparés —— Poissons de mer marinés, ou rogues de morue selon l'espèce.

Oignons communs —— Légumes verts.

   de fleur, de scille et tous autres —— Bulbes.

Oiseaux vivans ou empaillés —— Objets de collection.

Oliban —— Résineux exotiques.

Oliette (graine d') —— Fruits oléagineux.

   (tourteaux de) V. Tourteaux de graines oléagineuses.

   (huile d') —— Huiles de graines grasses.

Olive (huile d') V. Huiles.

Onglons de tortue —— V. Écailles.

Onguents —— Médicamens composés.

Onyx et opales —— Agates.

Opodeldoc —— Médicamens composés.

Opoponax (gomme) —— Résineux exotiques.

Or faux ou de Manheim —— Cuivre doré.

   monnayé V. Monnaies.

Oranger (feuilles, tiges et fleurs d') V. Feuilles et fleurs.

   (eau de fleur ou de feuilles d') —— Eaux distillées sans alcool.

   (huile de feuilles, de fleurs ou de fruits d') —— Huile d'orange.

Oranges (écorces d') V. Écorces.

   confites au vinaigre —— Câpres confites.

   (pépins d') —— Grains durs à tailler.

   (huile d') V. Huiles.

Organsin —— Soies écrues moulinées.

Orge commune V. Céréales à la fin du Tarif. Orge.

   mondé ou perlé —— Grains perlés et mondés.

   (gruau d') V. Gruaux.

   (petite) ou cévadille —— Fruits médicinaux.

Orgues V. Instrumens de musique.

Origan —— Herbes médicinales.

Ornemens d'église V. Effets à usage, Habillemens neufs ou vieux.

Orobe —— Légumes secs.

Orties (tiges et filasse d') —— Chanvre, selon l'espèce.

   (fleurs d') —— Fleurs médicinales.

   (toile d') —— Toile de chanvre.

Os de baleine —— Objets de collection.

   brûlés —— Noir animal d'os.

   calcinés —— Noir d'ivoire ou d'os, selon l'espèce.

Osier (ouvrages en) —— Vannerie.

Ouates de coton ou de soie. V. Coton et Soie (bourre de)

   autres —— Chanvre en tiges sèches.

Ouvrages en buis, de toute sorte, —— Mercerie commune.

   en coques de calebasse, de figuier vernissé et de Spa —— Mercerie fine.

   de modes V. Modes.

   en fer, cuivre, acier, plomb, étain, etc. V. Ces divers métaux ouvrés.

Oxalate, acide de potasse —— Sel d'oseille.

(1) Celles auxquelles on a substitué un morceau d'anchois au noyau, doivent comme Poissons de mer marinés ; V. ce mot.

(2) L'or natif est assimilé à l'or brut.

(3) Cette dénomination comprend tous les gros ouvrages en or ou en argent, et ceux qu'on nomme communément vaisselle d'or et d'argent. Consultez la note (3) page 35, pour ce qui concerne le droit de garantie imposé sur toutes les matières d'or et d'argent, et son remboursement à la sortie.

L'orfévrerie et la bijouterie d'or et d'argent peuvent, au gré du déclarant, être brisées ou martelées en douane, avant l'acquittement des droits d'entrée, pour n'être soumises qu'aux droits imposés sur l'or ou l'argent bruts.

(4) Voir la note (1), page 63, relative aux instrumens aratoires, outils, etc., qu'on importe par mer.

(5) Ce droit ne se perçoit qu'à l'égard des outres renfermant des liquides taxés au net ou à la mesure. On ne les distingue pas, non plus que les futailles, des liquides tarifés au brut. Les outres vides sont comme les peaux ouvrées, frappées de prohibition à l'entrée, et doivent le droit de 25 c. par 100 kil. brut à la sortie.

NOMENCLATURE.	BASES des PERCEPTIONS	DROITS D'ENTRÉE		DROITS de SORTIE.
		par Navires Français.	par Navires Étrangers et par terre.	
Oxides d'étain et de fer.	100 k. B. B.	10 »	11 »	
de zinc blanc (pompholix).	id.	13 »	14 30	» 25
gris cendré (cadmie ou tuttie)	id.	» 10	» 10	
autre (calamine grillée)	id.	» 10	» 10	1 »
Pain et biscuit de mer (1)	100 k. B.B.	mêmes droits que les farines dont ils sont faits.		
d'épice.	id.	13 »	14 30	» 25
Papier d'enveloppe à pâte de couleur.	100 k. N.B.	80 »	86 50	» 50
blanc ou rayé pour musique	id.	150 »	160 »	
colorié, en rames ou mains pour reliures. . .	id.	90 »	97 »	
peint, en rouleaux pour tentures	id.	125 »	133 70	1 »
de soie	id.	400 »	417 50	
Parapluies et parasols (2) en soie.	la pièce.	2 »	2 »	» 10
en toile cirée.	id.	» 75	» 75	» 05
Parchemin brut (3)	100 k. B.B.	1 »	1 10	» 25
achevé.	id.	25 »	27 50	
Passementerie(4)de fil écru, bis, herbé ou mélangé de blanc.	100 k. N.B.	80 »	86 50	» 25
blanc, ou teint en partie seulement. .	id.	133 »	142 10	
teint entièrement	id.	186 »	197 80	
de laine pure (5), blanche	id.	220 »	233 50	
teinte	id.	250 »	265 »	1 50
mélangée de fil, laine et poil . .	id.	250 »	265 »	
de crin	id.	150 »	160 »	1 50
de coton (5)	100 k. B.	Prohibée.	Prohibée.	» 50
de fleuret	100 k. N.N.	800 »	817 50	2 »
de soie pure	1 k. N.N.	16 »	17 60	» 02
mêlée d'or ou d'argent fin .	id.	25 »	27 50	» 40
faux .	id.	8 »	8 80	» 04
d'autres matières (6) . . .	id.	8 »	8 80	» 02
d'or ou d'argent fin	id.	30 »	33 »	» 40
faux.	id.	3 »	3 30	» 04
Pastel (graine de)	100 k. B.B.	1 »	1 10	2 »
(herbes, feuilles et racines de).	id.	1 »	1 10	6 »
(pâte de).	100 k. N.B.	comme l'indigo.		» 50
Pastilles odorantes à brûler.	100 k. N.B.	comme les résineux exotiques.		2 »
Pates d'amande et de pignon, en pains ou liquides. .	100 k. B.B.	25 »	27 50	2 »

RENVOIS ET ASSIMILATIONS.	NOTES EXPLICATIVES.

Oxides d'antimoine —— Médicamens composés.

    d'arsenic —— Acide arsénieux.

    de bismuth blanc —— Fard de toilette blanc.

    de cobalt V. Safre, Smalt ou Azur en poudre.

    de plomb V. Litharge, massicot, mine-orange et minium.

    de mercure —— Médicamens composés.

    terreux —— Terres servant aux arts.

    (autres) non repris au présent Tarif —— Produits chimiques non dénommés.

    préparés —— Couleurs non dénommées, ou médicamens composés, selon l'espèce.

Oxi-muriate de chaux V. Chlorure de chaux.

Padoux V. Rubannerie.

Paillassons —— Vannerie.

Paille de céréales —— Foin.

    nettoyée et coupée pour faire des tresses —— Tresses grossières.

    tressée V. Tresses de paille.

    ouvrée en étuis, boites, etc. —— Mercerie fine.

    (plumes et Fleurs de) —— Tresses de pailles fines.

Pailles de fer et d'acier —— Limailles de fer.

Paillettes d'or ou d'argent fin —— Or ou argent tiré ou laminé.

    faux —— Cuivre doré ou argenté tiré.

Pains d'amande et de pignon —— Pâtes d'amande, etc.

    de graines oléagineuses V. Tourteaux.

    à cacheter et à chanter —— Mercerie commune.

Palixandre (bois de) —— Bois d'ébénisterie non dénommés.

Palma-christi (graine de) V. Graine de ricin.

    (huile de) V. Huiles.

Palme (huile de) V. Huiles.

Palmier (tiges de) —— Rotins de petit calibre.

    (rameaux de) —— Bruyères à vergettes, brutes.

Panacoco (graines de) —— Abrus (graine d').

    (bois de) —— Bois d'ébénisterie non dénommés.

Paniers —— Vannerie, selon l'espèce.

Pannes —— Tissus de laine non dénommés.

Papier à cautère —— Médicamens composés.

    à polir —— Carton lustré à presser les draps.

    imprimé pour registres ou états —— Papier rayé pour musique.

Pareira brava —— Racines médicinales.

Pariétaire —— Herbes médicinales

Parfumeries V. Eaux de senteur, opiats, pâtes, pommades, savons, vinaigres, etc.

Pas-d'âne —— Fleurs médicinales.

Passe-lacets en cornes, os, fer même étamé ou cuivre —— Mercerie commune.

    en acier —— Mercerie fine.

    en écaille ou ivoire —— Tabletterie.

    en or ou argent —— Bijouterie.

Passe-pierre ou perce-pierre —— Légumes verts.

Pastel à dessiner —— Crayons composés à gaines de cèdre.

    d'écarlate —— Kermès en poudre.

(1) Le biscuit destiné à l'avitaillement des navires français et étrangers est exempt de tous droits, de sortie. — Le pain nécessaire à la nourriture des voyageurs, est également dispensé de droits, tant à l'entrée qu'à la sortie, pourvu que la quantité n'en excède pas quatre kilog. par individu.

(2) Les montures ou carcasses de parapluies ne doivent que le 5e du droit imposé, tant à l'entrée qu'à la sortie, sur les parapluies en soie.

Les parapluies recouverts en toile de coton ou autre tissu prohibé à l'entrée, sont comme les tissus qu'on leur a appliqués, passibles de la même prohibition.

(3) C'est une peau passée et préparée pour parchemin par le parcheminier même, et qui n'a besoin pour devenir parchemin que d'être raturée, foulée à l'eau, passée à la chaux et polie à la pierre ponce.

(4) Cette dénomination comprend les franges, galons, cordons, cordonnets, ganses, tresses, sangles, lacets, torsades, jarretières, aiguillettes, boutons, etc.

(5) La passementerie de pure laine et celle de coton jouissent d'une prime à l'exportation.

(6) Sauf de coton, ce qui la rendrait passible de prohibition à l'entrée.

10 *

NOMENCLATURE.	BASES des PERCEPTIONS.	DROITS D'ENTRÉE		DROITS de SORTIE.
		par Navires Français	par Navires Étrangers et par Terre.	
PATES d'Italie	100 k. B.B.	20 »	22 »	» 25
PAVÉS, même piqués	id.	» 10	» 10	» 05
PEAUX brutes, fraîches grandes(1)	id.	1 »	1 10	16 »
ou salées, petites (1) de bél., breb. et mout., revêtues de laine (2).	100 k. N.	moitié du droit des laines		46 »
d'agn., revêt. de leur laine, et pes. plus d'un k°.	100 k. B.	brutes ou lavées à froid.		20 »
pes. 1 k°., ou moins.				
épilées	100 k. B.B.	1 »	1 10	20 »
de chevreaux.				
autres	100 k. B.N.	1 »	1 10	46 »
sèches (3), grandes(1), du Sénégal franç.	100 k. B.B.	1 »	» »	
d'ailleurs, hors d'Europe.	id.	5 »	15 »	25 »
des entrepôts . .	id.	10 »		
petites (1) de bél., breb. et mout., revêtues de leur laine (2).	100 k. N.	les deux tiers du dr. des laines		70 »
d'agn., revêt. de leur laine, et pes. plus d'un k°.	100 k. B.	brutes ou lavées à froid.		20 »
pes. 1 k°., ou moins.				
épilées	100 k. B.B.	1 »	1 10	20 »
de chevreaux				
autres	100 k. B.N.	1 »	1 10	70 »
de phoque, brutes, de pêche française. . . .	la pièce.	» 01	» »	» 02
étrangère . . .	id.	» 20	» 20	
éjarrées	id.	6 »	6 »	» 05
mégies et colorées.	id.	» 20	» 20	» 02
PEAUX brutes d'anguille, de chiens de mer et de requin, fraîches	100 k. B.B.	1 »	1 10	» 25
sèches	id.	17 »	18 70	
préparées d'agneau et de chevreau en poil, en confit . . .	100 en N.	2 50	2 50	» 05
mégies.	id.	3 »	3 »	» 10
d'agneau, de cygne ou d'oie, pour éventails	100 k. N.B.	612 »	629 50	» 25
ouvrées ou préparées, de toute autre sorte.....	100 k. B.	prohibées.	prohibées.	
PELLETERIES(4). Peaux brutes de lapin et de lièvre. .	100 k. B.	1 »	1 »	Prohibées.
apprêtées (5) de lapin.	100 en N.	1 »	1 »	1 »
de lièvre	id.	4 »	4 »	4 »
de chameau, tigre, panthère, léopard, once et jaguar . .	la pièce.	1 20	1 20	» 15
d'ours et d'ourson	id.	1 05	1 05	» 10
de lion, lionne et zèbre. . . .	id.	» 60	» 60	» 06
de renards(6) noirs ou argentés.	id.	2 40	2 40	» 24
croisés ou bleus.	id.	» 90	» 90	» 10
blancs, jaunes et gris argenté.	id.	» 20	» 20	» 02
autres	id.	» 10	» 10	» 01

| RENVOIS ET ASSIMILATIONS. | NOTES EXPLICATIVES. |

Pastilles à bijoux , dites du Sérail —— Musc.

    sucrées —— Sucre terré.

    médicinales —— Médicamens composés.

Patates —— Pommes de terre.

Pâtes d'anil V. Anil.

    de cacao V. Cacao broyé.

    de guimauve et autres sucrées —— Sucre terré.

    de papier —— Carton en feuilles.

    de pastel V. Pastel.

    de savon V. Savons parfumés.

    de térébenthine V. Térébenthine compacte.

    de tournesol V. Tournesol.

Pâtés à la viande —— Viandes salées de porc.

Patience —— Racines médicinales.

Patins —— Mercerie fine.

Pâtisseries sucrées comme biscuits, macarons et analog.——Sucre terré.

    autres —— Pain d'épice.

Pattes de lion —— Fleurs médicinales.

Pavots blancs ou noirs (têtes et graines de) —— Fruits oléagineux.

    rouges —— Fleurs médicinales.

    (huile de) —— Huiles de graines grasses.

Pécher (feuilles ou fleurs de) —— Feuilles ou fleurs médicinales.

Pêches —— Fruits de table frais, indigènes.

Peignes de vermeil —— Bijouterie.

    de laiton —— Cuivre ouvré.

    de corne, de bois ou de plomb —— Mercerie commune.

    à tisser, en acier, laiton ou roseau —— Machines et mécaniques

Peintures —— Objets de collection.

Pelles de bois —— Boissellerie.

    de fer à remuer la terre —— Instrumens aratoires.

      à feu —— Fer ouvré.

Pendules —— Horlogerie (ouvrages d').

Pensées —— Herbes médicinales.

Percale —— Tissus de coton.

Perdrix (bois de) —— Bois d'ébénisterie non dénommés.

Perelle —— Lichens tinctoriaux.

Péridots —— Pierres gemmes.

Perlasses —— Potasses.

Perles fausses —— Mercerie commune.

    de verre V. Vitrifications en grains percés.

Perroquets et perruches —— Objets de collection.

Perruques —— Ouvrages en cheveux.

Persil de Macédoine (graine de) —— Fruits médicinaux.

Perspectives d'optique —— Instrumens d'optique.

Pèse-liqueurs —— Instrumens de calcul.

Phlomis de Ceylan —— Herbes médicinales.

Phosphore —— Acide phosphorique.

Piastres V. Monnaie d'argent.

Picardats —— Fruits de table, secs.

Pieds-de-chat —— Fleurs médicinales.

(1) Par *grandes*, on entend les peaux de bœuf, vache , taureau , taurillon , bouvillon , génisse, cheval, âne, buffle, bison, aurochs, ou bœuf sauvage et mulets ;

Et par *petites*, celles de veau, mouton, brebis, bélier, agneau, chèvre, chevreau, cerf, biche, chevreuil, chamois, daim, gazelle, élan, renne, cochon, et sanglier.

Les peaux de chèvre, d'Angora, et celles des agneaux d'Astracan, de vigogne et de lama, quoique revêtues de leur laine, sont reprises comme Pelleteries. — Les peaux d'agneaux préparées en mégie ou en confit, sont aussi taxées spécialement; V. ci-après.

(2) Les peaux de brebis, béliers et moutons, quoique revêtues de leur laine, mais dont le poids n'excède pas 1 kilo, ne sont passibles que du droit d'un fr., ou 1 fr. 10 cent. comme les petites peaux d'agneaux, pesant un kil. ou moins.

(3) les peaux brutes sèches importées en droiture, par navires français, des contrées situées à l'O. du *Cap Horn*, ne paient que la moitié des droits fixés ci-contre, selon l'espèce ou la qualité.

(4) Les pelleteries importées en droiture par navires français, des pays situés à l'ouest du *Cap Horn*, ne paient que la moitié des droits fixés ci-après, selon leur espèce et qualité.

(5) C'est-à-dire, passées en mégie, purifiées et assouplies, et prêtes à être employées en fourrure.

(6) Les peaux de renard *teintes* paient à l'entrée comme celles de renards noirs, et à la sortie, comme les peaux de renards (autres).

NOMENCLATURE.	BASES des PERCEPTIONS.	DROITS D'ENTRÉE		DROITS de SORTIE.
		par Navires Français	par Navires Étrangers et par terre	
PELLETERIES (1) Peaux de chacal, de chinchilla et de fouine,	la pièce.	» 10	» 10	» 01
de carcajou, et d'agneaux d'Astracan,	id.	» 20	» 20	» 02
de loutre.	id.	» 45	» 45	» 05
d'hyène, de loups cerviers et de bois. .	id.	» 40	» 40	» 04
de chèvres d'angora et de castor.	id.	» 35	» 35	
de blaireau, butor, chats tigres et cerviers, cygne, eyder, glouton, lama, marte, pekan, raton, vautour et vigogne	id.	» 15	» 15	» 02
de chats sauvages et domestiques. .	100 en N.	3 »	3 »	» 30
de genette, civette, castorin, nonier, putois et rats-cools.	id.	3 »	3 »	» 30
de grèbe, marmotte, d'oie et vison . .	id.	6 »	6 »	» 60
de chien, petit-gris, rats musqués et autres, belette, berveski, écureuil, palmistes des Indes, mulot et taupe	id.	2 »	2 »	» 20
de chikakois, de lasquette, d'hermine et kolinsky . . .	id.	3 75	3 75	» 40
Dos et ventres de fouine, lièvres blancs, marte, petit-gris, renard, etc.	. . . .	moitié du droit des peaux.		
Gorges de renard, de fouine, marte, pingouin et renard	100 en N.	2 »	2 »	» 20
Queues (2) de carcajou, fouine, loup, marte, pékan et renard . .	id.	2 »	2 »	
d'écureuil, d'hermine, petit-gris, putois, kolinski ou kulonock, et vison . .	id.	» 25	» 25	» 03
Morceaux cousus (3) en peaux d'agneaux, dits d'Astracan, d'hermine, de lasquette, marte, putois, kolinski ou kulonock, et en dos et ventres de petit-gris	la pièce.	5 »	5 »	» 50
en peaux de fouine, dos et ventre de chats tigres et cerviers, d'écureuil, dos, ventres et gorges de berweski, renard et vigogne . . .	id.	1 50	1 50	» 15
en peaux de castor, rats musqués, mulot ou hamster, taupe, agneaux ordinaires, dos et ventres de lièvres blancs, lapin, pattes ou autres fractions de peaux quelconques non dénommées au présent	id.	1 »	1 »	» 10
ouvrées (4)	la valeur.	15 p. %.	15 p. %.	¼ p. %.
PEIGNES d'écaille	1 k. N.B.	5 »	5 50	» 01
d'ivoire	id.	4 »	4 40	
PERCHES en bois commun	1000 en N.	» 25	» 25	Prohibées (5).
PERLES fines, de toute pêche	1 hect. N.B.	» 50	» 50	» 01
PÉTROLE (bitume fluide de couleur brune).	100 k. B.B.	7 »	7 70	» 25
PICHOLINES (fruits confits)	id.	36 »	39 60	» 25
PIEDS d'élan.	100 en N.	1 50	1 50	» 10
PIERRES gemmes (autres que les diamans et agates), brutes	1 hect. N.B.	» 25	» 25	» 01
taillées	id.	» 50	» 50	
PIERRES communes propres à bâtir (6).	100 k. B.B.	» 10	» 10	» 05
ouvrées comme auges, mortiers, tombes, etc.	la valeur.	15 p. %.	15 p. %.	¼ p. %.
à feu (autres que les agates).	100 k. B.B.	9 »	9 90	1 »
à aiguiser, pierre ponce et de touche	id.	5 »	5 50	» 25
ferrugineuses	id.	5 »	5 50	
servant aux arts et métiers	id.	2 »	2 20	
PIGOUILLES en bois commun, de 11 à 15 cent. de diam.	la pièce.	» 20	» 20	1 »

RENVOIS ET ASSIMILATIONS.	NOTES EXPLICATIVES.

Pieds de bétail ⸺ Viandes ou Oreillons, selon l'espèce.
Piéges à loup, renard, taupe, etc. ⸺ Instrumens aratoires.
Pierres de lard et à moulage ⸺ Pierres servant aux arts.
    à lithographier ⸺ Pierres servant aux arts.
    noires ⸺ Pierres ferrugineuses.
    de Soigne ⸺ Marbres (tous autres).
    (déchets de) ⸺ Moëllons.
Pignons ⸺ Fruits médicinaux.
    (huile de) V. Huiles.
Pilules de toute sorte ⸺ Médicamens composés.
Piment V. Poivre.
Pin (bois de) ⸺ Bois à construire.
    (écorce de) ⸺ V. Écorces.
    (pommes de) ⸺ Fruits médicinaux.
    (graine de) ⸺ Graines forestales.
    (poussière de fleur de) ⸺ Résineux exotiques.
Pinceaux de poils fins ou de cheveux ⸺ Mercerie fine.
        communs ⸺ Mercerie commune.
Pinces à casser le sucre et à ongles ⸺ Mercerie commune.
    (ou leviers en fer) ⸺ Outils de pur fer.
    (autres) ⸺ Outils de fer rechargé d'acier.
Pincettes ⸺ Fer ouvré.
Pinchebec ⸺ Cuivre doré.
Pinnes-marines (coquillages) ⸺ Objets de collection.
        (poil ou fil de) ⸺ Soies, selon l'espèce.
        (drap et bonneterie) ⸺ Tissus de soie, selon l'espèce.
Pioches ⸺ Instrumens aratoires.
Pipes à fumer, de faïence ⸺ Faïence.
    de terre sans émail ou de grès commun ⸺ Faïence.
    de grès fin ⸺ Mercerie fine.
    de porcelaine ou d'écume de mer ⸺ Mercerie fine.
    (autres) ⸺ Mercerie commune.
Piqués de pur fil pour couvertures, blancs ⸺ Toile de lin croisée,
                      autre que Coutil.
        teints ⸺ Toile de lin imprimée.
    de coton ⸺ Tissus de coton.
Pissaphalte ⸺ Naphte.
Pissenlit ⸺ Feuilles ou racines médicinales.
Pistaches de terre V. Arachis.
Pistolets ⸺ Armes à feu, selon l'espèce.
Pivoine ⸺ Fleurs ou racines médicinales.
Planches de bois commun ⸺ Bois à construire sciés.
    d'acajou V. Bois d'acajou scié.
    pour l'impression sur toile ou papier ⸺ Machines et méca-
                      niques.
Planes ⸺ Outils de fer rechargé d'acier.
Plants d'asperges ⸺ Graines de jardin.
    ou boutures de garance ⸺ Graine de garance.
Plaques de cheminée ⸺ Fer (fonte de) moulée.
    de cuivre coulées V. Cuivre coulé.
        laminées à verdet ⸺ Cuivre battu ou laminé.

(1) Les pelleteries importées en droiture par navires français, des pays situés à l'ouest du *Cap Horn*, ne paient que la moitié des droits fixés ci-après, selon leur espèce et qualité.

(2) Les queues de rats musqués sont soumises au quart du droit du musc.

(3) On compte deux *nappes* pour former un sac ou ce qu'on nomme un morceau cousu. Les *touloupes*, ou grands witschouras à manches, ne paient que comme sacs entiers, c'est-à-dire, comme une seule pièce cousue.

(4) Ce sont toutes les fourrures taillées, doublées et assemblées, autres que celles dont il est parlé dans la note ci-dessus.

(5) Sauf quelques exceptions locales rappelées dans la note (4) page 35.

(6) Les pierres taillées, polies ou sculptées rentrent dans la classe des pierres ouvrées. Il ne s'agit ici que des pierres *brutes* de taille. — Les moëllons et les déchets de pierres sont spécialement tarifés.

11

NOMENCLATURE.	BASES des PERCEPTIONS.	DROITS D'ENTRÉE		DROITS de SORTIE.
		par Navires Français.	par Navires Etrangers et par terre.	
PISTACHES en coques, même celles vertes	100 k. N.B.	96 »	103 30	} » 25
cassées	id.	144 »	153 70	
PLANTES alcalines (fucus)	100 k. B.B.	» 10	» 10	» 10
de fleurs	id.	1 »	1 10	1 »
PLANTS d'arbres	id.	» 50	» 50	» 25
PLAQUÉS (ouvrages en métaux vernis, plaqués, dorés ou argentés).	100 k. B.	Prohibés.	Prohibés.	3 »
PLATRE brut (pierres à)	100 k. B.B.	» 10	» 10	} » 15
préparé, moulu ou calciné	id.	» 50	» 50	
moulé ou coulé	la valeur.	15 p.%	15 p.%	1/4 p.%
PLOMB sulfuré (sable plombifère ou minerai de) . . .	100 k. B.B.	5 »	5 50	} » 25
(alquifoux, ou autre minerai de) . . .	id.	10 »	11 »	
(métal brut)	id.	5 »	7 »	2 »
allié d'antimoine.	id.	26 »	28 60	2 »
battu ou laminé.	id.	} 24 »	26 40	» 50
ouvré (autrement qu'en balles de calibre) . .	id.			
PLUMES à écrire (1) brutes	id.	40 »	44 »	2 »
apprêtées.	100 k. N. B.	240 »	254 50	» 25
à lit, Duvet de cygne, d'oie, de canard et de flamant. .	id.	200 »	212 50	} » 25 les 100 kil.
d'eyder, ou édredon.	1 k. N.B.	5 »	5 50	
Autres plumes à lit	100 k. N.B.	60 »	65 50	
de parure (2), blanches, brutes.	id.	400 »	417 50	2 »
apprêtées.	id.	600 »	617 50	» 25
noires, brutes.	id.	200 »	212 50	2 »
apprêtées. . . .	id.	400 »	417 50	» 25
autres, brutes.	id.	100 »	107 50	2 »
apprêtées. . . .	id.	300 »	317 50	» 25
POILS (3) en masse, de chameau, d'autruche et de phoque.	100 k. B.B.	1 »	1 10	} 2 »
de porc et de sanglier.	id.	20 »	22 »	
de vache et autres plocs	id.	1 »	1 10	4 08
propres à la chapellerie ou à la filature (4)	100 k. B.	1 »	1 10	prohibés.
POIRÉ	l'hectolitre.	2 »	2 »	» 10
POISSONS d'eau douce, de toute pêche, frais	100 k. B.	» 50	» 50	
préparés. . .	100 k. B.B.	40 »	44 »	
de mer (5) frais, secs, salés ou fumés, de pêche française.	. . . .	exempts.	exempts.	exempts.
de pêche étrangère. .	100 k. B.	40 »	44 »	
marinés à l'huile	100 k. N.	100 »	107 50	
POIVRE et PIMENT, de la Guyane française. . . .	100 k. N.B.	40 »	» »	« 25

RENVOIS ET ASSIMILATIONS.	NOTES EXPLICATIVES.

Plaques de cuivre à cadrans de montre——Horlogerie (fournitures d')
    d'enclume —— Fer en barres plates de 213 mill. à 458 exclus.
    de terre cuite pour les émailleurs——Poterie de grès commun.
Platine natif ou en masse —— Or brut.
    ouvré —— Bijouterie ou orfévrerie d'or, selon l'espèce.
Platines de fusil ou de pistolet —— Armes à feu, selon l'espèce.
Plocs V. Poils de vache et autres plocs.
Plombagine V. Graphite.
Plumes de parure en paille —— Tresses de paille fines.
Plumet —— Modes (ouvrages de)
Poches V. Instrumens de musique.
Poêles à frire —— Fer ouvré.
Poêlons —— Cuivre, ou fer ouvrés, ou fer (fonte de) moulée. ᶜ
    (fonds de) en cuivre —— Cuivre battu ou laminé.
Poil de Messine —— Mercerie commune.
Poinçons de fonderie en caractères d'imprimerie —— Machines et
                             mécaniques.
Pointes de fer à fabriquer les cardes à carder —— Mercerie commune.
Poires à poudre (gainerie) —— Mercerie commune.
    en cuivre bronzé —— Mercerie fine.
Pois —— Légumes verts ou secs, selon l'espèce.
    à gratter —— Fruits médicinaux.
Poix minérale —— Pétrole.
    de montagne —— Asphalte.
Polium des montagnes —— Herbes médicinales.
Polygala de Virginie —— Racines médicinales.
Pommes d'acajou et de pin —— Fruits médicinaux.
    de grenadille fraiches —— Fruits de table frais exotiques.
          sèches. —— Objets de collection.
    d'amour V. Tomates.
Pompes en bois —— Ouvrages en bois.
    à vapeur V. Machines et mécaniques.
    à incendie et autres —— Machines et mécaniques (autres).
    de pipes en plomb, même dorées et vernies —— Mercerie
                            commune.
Pompholix V. Oxide de zinc blanc.
Poncires —— Citrons.
Porcs V. Bétail.
Porphyre —— Marbres (tous autres).
Porte-crayons à la grosse —— Mercerie commune.
    en acier —— Acier ouvré.
    dorés, argentés ou d'or faux —— Cuivre doré ou ar-
                    genté, ouvré.
    en or, argent ou vermeil —— Bijouterie.
Porte-feuilles de maroquin, de peaux maroquinées ou de cuir de Russie
                    —— Mercerie fine.
    (autres) —— Mercerie commune.
Potée d'étain —— Oxide d'étain.
Potin gris —— Cuivre allié d'étain.
    jaune —— Cuivre allié de zinc.
Poudres dentifrices —— Poudres de senteur.
    d'or V. Or brut, ou talc pulvérisé, selon l'espèce.

(1) Les plumes à écrire en métaux communs sont taxées comme Mercerie commune ; celles dorées ou argentées comme Plaqués, et celles en or ou argent comme Bijouterie, selon l'espèce.

(2) Celles qui n'ont reçu qu'un premier lavage sont considérées comme brutes.

(3) Les poils filés sont repris comme Fils de poils, V. ce mot; et les tissus au mot Tissus de poil.

(4) Ce sont ceux de chien, chèvre, bouc, chevreau, castor, lapin et loutre.

(5) Les poissons de mer qui s'échouent sur nos côtes sont considérés comme provenant de pêche française. Leur graisse paie les mêmes droits que celle provenant de pêche française. V. Graisses de poisson.

NOMENCLATURE.	BASES des PERCEPTIONS	DROITS D'ENTRÉE		DROITS de SORTIE.
		par Navires Français.	par Navires Étrangers et par terre.	
POIVRE et PIMENT de l'Inde	100 k. N.B.	60 »	150 »	» 25
d'ailleurs	id.	120 »		
POIX végétale (de résine).	100 k. B. B.	5 »	5 50	1 »
POMMADES Parfumées de toute sorte	100 k. N.B.	123 »	131 60	2 »
POMMES de terre	100 k. B.B.	» 50	» 50	» 25
PORCELAINE commune (1)	100 k. N.B.	164 »	174 70	1 »
fine.	id.	327 »	344 50	
POTASSES et PERLASSE, de la Guyane française . .	100 k. N.B.	10 »	» »	
des pays hors d'Europe . . .	id.	15 »		» 25
des entrepôts	id.	18 »	21 »	
POTERIE de terre grossière (autre que faïence). . .	100 k. B.B.	6 »	6 60	
de grès commun, Ustensiles.	id.	10 »	11 »	» 25
Vaisselle.	id.	15 »	16 50	
fin	100 k. B.	Prohibée.	Prohibée.	» 50
POUDRE à poudrer.	100 k. B.B.	25 »	27 50	» 25
à tirer.	. . . .	Prohibée.	Prohibée.	Prohibée (2)
POUDRE de senteur, de Chypre	1 k. N.B.	9 »	9 90	» 02 le kil.
toute autre.	100 k. N.B.	184 »	195 70	
PRESLE (tiges de).	100 k. B.B.	5 »	5 50	» 25
PRÉSURE.	id.	» 50	» 50	» 25
PRODUITS chimiques non dénommés. Sels	100 k. B.	Prohibés.	Prohibés.	2 »
Autres (3) . . .	id.	Prohibés.	Prohibés.	» 25
PRUSSIATE de fer et de potasse cristallisé.	100 k. N.B.	210 »	223 »	5 »
QUERCITRON (4), des pays hors d'Europe	100 k. B.B.	6 »	12 »	» 25
des entrepôts	id.	9 »		
QUINQUINA (écorces de)(5), des pays à l'O. du cap Horn	100 k. N.B.	25 »	100 »	» 25
d'ailleurs.	id.	50 »		
RACINES médicinales	100 k. B.B.	20 »	22 »	» 25
à vergettes	id.	5 »	5 50	» 25
RAPURES de cornes de cerf.	id.	9 »	9 90	» 25
d'ivoire.	id.	21 »	23 10	
RÉALGAR (sulfure d'arsenic rouge)	id.	15 »	16 50	» 25
REDOUL	id.	25 »	27 50	» 50

RENVOIS ET ASSIMILATIONS.	NOTES EXPLICATIVES.

Poudre de kary V. Kary.
Poudres végétatives et poudrettes —— Engrais.
Poulains V. Bétail.
Poulies en bois —— Ouvrages en bois,
    en métal V. Les métaux ouvrés dont elles sont faites.
Pouliot —— Fleurs ou herbes médicinales.
Poupées et têtes de poupées —— Bimbeloterie.
Pourpier (graine de) —— Fruits médicinaux.
Pourpre —— Couleurs non dénommées.
Poussière de foin —— Graine de prairie.
    de pin, ou soufre végétal —— Résineux exotiques.
    de poivre —— Poivre.
Poutres et poutrelles —— Bois à construire, sciés.
Pouzzolane (terre volcanique) —— Matériaux.
Précipité, blanc, jaune ou rouge —— Médicamens composés.
Presses —— Machines et mécaniques.
Pruneaux et prunes —— Fruits de table indigènes, frais ou secs.
Prunes de Monbin —— Fruits médicinaux.
Pulmonaire de chêne —— Lichens médicinaux.
Pyrètre —— Racines médicinales.
Pyrolignite de fer —— Acétate de fer.

(1) La porcelaine *commune* est celle non dorée qui n'a que la couleur de la pâte soit blanche, grise ou jaune, ou qui ne porte que des dessins d'une seule couleur sans paysages, ni figures.
La porcelaine *fine* est celle à fond uni de couleur bleue, dorée ou non; celle dorée, quelque soit la couleur de la pâte, celle peinte ou imprimée, décorée, sculptée, etc.

(2) Les armateurs français et étrangers peuvent obtenir de l'administration des poudres et salpêtres des permis d'exportation pour la poudre de guerre et de traite qu'elle leur fournit, tant pour la défense de leurs bâtimens que pour leurs échanges à l'extérieur. Ces poudres acquittent, à leur sortie, le droit de 25 c. par 100 kil. brut.

Quarts de cercle —— Instrumens de calcul.
Quassie —— Bois odorans non dénommés.
Queues de billard —— Tabletterie.
    de girofle —— Girofle (griffes de).
    de pelleteries V. Pelleteries.
Quinine V. Sulfate de quinine.
Quinquets V. Les métaux ouvrés dont ils sont faits.

Rabette (graine et tourteaux de) V. Fruits oléagineux ou tourteaux.
    (huile de) —— Huiles de graines grasses.
Rabots (fers à) —— Outils de fer rechargé d'acier.
Racines de chicorée V. Chicorée.
    de buis —— Bois de buis.
    de sassafras V. Bois odorans.
    de bois commun —— Bois à brûler.
Rack V. Eau-de-vie de riz.
Raisins frais ou secs —— Fruits de table frais indigènes, ou Fruits secs.
Raisins écrasés en cuves, doivent la moitié des vins, selon l'espèce.
    d'ours —— Feuilles médicinales.
Rames de bateaux V. Avirons.

(3) Il ne s'agit point ici des couleurs ou teintures qui ont une taxe spéciale (V. Couleurs non dénommées), mais seulement des substances minérales qui servent d'ingrédiens et de moyens dans les fabriques, et de celles préparées pour la pharmacie.
(4) Il est habituellement importé en futailles, soit moulu ou seulement haché.

(5) Le quinquina en poudre rentre dans la classe des médicamens composés; V. ce mot.

11 *

NOMENCLATURE.	BASES des PERCEPTIONS.	DROITS D'ENTRÉE.		DROITS de SORTIE.
		par Navires Français.	par Navires Étrangers et par terre.	
RÉGLISSE (racines de) (1)	100 k. B.B.	15 »	16 50	} » 25
(jus ou suc de)	100 k. N.B.	48 »	52 80	
REGRETS d'orfèvre	100 k. B.N.	1 »	1 10	50 »
RÉSINES indigènes, brutes, (poix, galipot, brai gras et goudron).	100 k. B. B.	5 »	5 50	} 1 »
(résidu de distillation des) Brai sec, Résine d'huile, etc.	id.	5 »	5 50	
RÉSINEUX exotiques, de l'Inde	100 k. N.B.	50 »	} 125 »	} » 25
d'ailleurs, hors d'Europe . . .	id.	90 »		
des entrepôts.	id.	100 »		
RHUBARBE (2), de l'Inde	id.	75 »	} 300 »	} » 25
des autres pays hors d'Europe.	id.	100 »		
des entrepôts	id.	150 »		
RHUM et tafia des colonies françaises	par hectolitre d'alcool pur.	20 »	» »	} » 10
d'ailleurs.	id.	Prohibés.	Prohibés.	
RIZ (3), des ports de premier embarquement (4), des pays hors d'Europe.	100 k. B.B.	2 50	} 9 »	} » 25
d'Europe. . . .	id.	4 »		
des entrepôts	id.	6 »		
du Piémont (5), en droiture par terre. . . .	id.	» »	6 »	
ROCOU, de la Guyane française	id.	10 »	» »	} » 50
des pays hors d'Europe.	id.	20 »	} 30 »	
des entrepôts.	id.	25 »		
ROGUES de morue et de maquereau, de pêche française.		exemptes.	exemptes.	exemptes.
de pêche étrangère.	100 k. B.	» 50	» 50	
ROTINS de gros calibre (6), de l'Inde	100 k. N.B.	80 »	} 200 »	
d'ailleurs	id.	160 »		
de petit calibre, entiers, de l'Inde	id.	40 »	} 100 »	} » 25
d'ailleurs	id.	80 »		
en éclisses.	id.	le ½ en sus des droits ci-dessus.		
RUBANNERIE de fil, à jour, imitant la dentelle	id.	500 »	517 50	» 25
(autre).	id.	Comme la passementerie de fil.		
de laine pure (7), ou mélangée.	id.	Comme la passementerie de laine pure ou mélangée.		1 50
de soie et de fleuret	100 k. N.N.	800 »	817 50	2 »
de coton (7).	100 k. B.	Prohibée.	Prohibée.	» 50
RUCHES à miel renfermant des essaims vivans	la pièce.	1 »	1 »	» 25
du miel sans mouches (8).	100 k. N.B.	Moitié des droits du sucre brut autre que blanc.		1 »
SABLE à mortier	100 k. B.B.	» 10	» 10	» 05

RENVOIS ET ASSIMILATIONS.	NOTES EXPLICATIVES.

Rapatelle V. Tissus de crin.

Râpes V. Limes.

Râpures de cornes de bétail —— Cornes de bétail, brutes.

    d'écaille —— Écaille de tortue (rognures d').

    de bois de gaïac —— Médicamens composés.

Raquettes —— Mercerie commune.

Rassades V. Vitrifications en grains percés.

Ratafias de toute sorte —— Liqueurs.

Ratanhia (racines de) —— Racines médicinales.

    (extrait de) —— Médicamens composés.

Râteaux de bois —— Boissellerie.

    de fer —— Instrumens aratoires.

Ratières —— Mercerie commune.

Ratines —— Tissus de laine non dénommés.

Râtissoirs —— Instrumens aratoires.

Ravensara (noix de) —— Muscades longues en coques.

    (feuilles de) —— Feuilles médicinales.

Régules V. Antimoine métallique, Arsenic, Cobalt, etc.

Renoncules (bulbes de) —— Bulbes.

Résidu de cire V. Cire (résidu de).

Ressorts de montres —— Horlogerie (fournitures d').

    de voitures —— Acier ouvré.

Rhapontic —— Rhubarbe.

Rhodes (bois de) —— Bois odorans non dénommés.

Rhubarbe blanche ou Méchoacan ——Rhubarbe.

Rhuc —— Feuilles médicinales.

Ricin (graine de) V. Graine de Ricin.

    (huile de) V. Huiles.

Rognures de cuir et de peau de toute sorte —— Oreillons.

    d'écaille V. Écaille de tortue.

    de papier —— Drilles.

Romarin (tiges ou fleurs de) —— Herbes ou fleurs médicinales.

    (essence ou huile de) V. Huiles.

Rose (bois de) inodore —— Bois d'ébénisterie non dénommés.

    végétal —— Kermès en poudre.

Roses sèches —— Fleurs médicinales.

    salées —— Fleurs d'oranger.

    (essence ou huile de) V. Huiles.

    (eau de) —— Eaux de senteur.

Roseaux V. Joncs.

Rosette —— Couleurs non dénommées.

Rouets à filer —— Machines et mécaniques.

Rouge d'Angleterre ou à polir —— Émeri.

    brun de montagne et d'Inde —— Ocre.

    de Portugal, ou rouge en tasse —— Kermès en poudre.

    de toilette V. Fard rouge.

Roulettes à découper la pâte —— Mercerie commune.

Rubis —— Pierres gemmes.

Ruches à miel vides, en tiges tressées —— Vannerie.

    en liège —— Liège ouvré.

    en bois —— Ouvrages en bois.

    vieilles de toute sorte —— Meubles.

---

(1) Les racines de réglisse importées par Marseille, et qui y sont déclarées pour la fabrication du jus de réglisse destiné à être exporté à l'étranger, ne paient, suivant qu'elles arrivent par navires français ou étrangers, que 25 centimes ou 2 francs par 100 kil. brut ; sauf à justifier, dans l'année de la déclaration, d'une exportation en jus dans la proportion d'un septième.

(2) La racine de méchoacan est assimilée à la rhubarbe.

(3) La farine de riz est assimilée au riz, pour les droits d'entrée et de sortie.

(4) Ce qui se justifie par l'exhibition des livres de bord et papier de mer, et par la production de certificats d'origine attestant que les riz sont le produit des pays d'où ils sont importés en France.

(5) Sont considérés comme tels, les seuls riz du Piémont introduits par les bureaux situés sur la frontière des États du roi de Sardaigne. Ceux importés par toute autre partie de la frontière de terre sont passibles du droit de 9 f. par 100 kil.

(6) Les rotins de gros calibre sont ceux qui ont plus de 4 lignes de diamètre, et qui sont droits dans toute leur longueur.

(7) La rubannerie de laine pure et celle de coton, jouissent de primes à l'exportation.

(8) On déduit à l'entrée, le poids des ruches de celui du miel, sur lequel seul porte la taxe.

NOMENCLATURE.	BASES des PERCEPTIONS.	DROITS D'ENTRÉE.		DROITS de SORTIE.
		par Navires Français.	par Navires Étrangers et par terre.	
Sable propre à la fabrication du verre ou de la faïence.	100 k. B.B.	» 10	» 10	1 »
plombifère (plomb sulfuré).	id.	5 »	5 50	» 25
Sabots de bois, garnis de fourrures.	100 k. N.B.	100 »	107 50	1 »
non garnis de fourrures, communs. .	100 k. B.B.	12 »	13 20	} » 25
peints ou vernis. .	id.	25 »	27 50	
Safran.	1 k. N.B.	18 »	19 80	} 8 » les 100 kil.
bâtard, ou safranum	100 k. B.B.	20 »	22 »	
Safre (cobalt grillé)	id.	» 50	» 50	» 25
Sagou	100 k. N.B.	41 »	45 10	» 25
Saindoux.	100 k. B.B.	15 »	18 »	1 »
Salep	100 k. N. B.	80 »	86 50	» 25
Salpêtre (1) (nitrate de potasse) des pays hors d'Eur.	id.	52 50	} 80 »	} » 25
des entrepôts. . . .	id.	65 »		
(nitrate de soude) (2)	id.	les 2 tiers des dr. ci-dessus.		
Salsepareille, du Sénégal français.	id.	40 »	» »	} » 25
des pays hors d'Europe.	id.	100 »	} 150 »	
des entrepôts.	id.	125 »		
Sang desséché de bouc	100 k. B.B.	31 »	34 10	» 25
ou cuit, d'autre bétail	id.	1 »	1 10	2 »
Sangsues	1000 en N.	1 »	1 »	» 50
Sarrette (teinture).	100 k. B.B.	5 »	5 50	6 »
Savons blancs, rouges, marbrés ou noirs (3) . . .	100 k. B.	Prohibés.	Prohibés.	» 25
et savonnettes parfumées, en boules, pains et en poudre, ou liquides.	100 k. N.B.	164 »	174 70	2 »
Scammonnée (gomme résineuse)	id.	600 »	617 50	» 25
Schakos de feutre, sans garniture	la pièce.	3 »	3 »	} » 05
garnis avec cuir, etc	id.	Prohibés.	Prohibés.	
Scies (4), ayant 146 centim. de longueur, ou plus (5).	100 k. N.B.	140 »	149 50	} 1 »
moins de 146 centimètres de long. .	id.	200 »	212 50	
Scorpions séchés.	id.	62 »	67 60	» 25
Sel marin, de marais ou de saline.	100 k. B.	Prohibé (6)	Prohibé (6)	} » 01
gemme ou fossile.	100 k. B.B.	40 »	44 »	
Sel ammoniac (7) et sel volatil.	1 k. N.B.	3 »	3 30	» 02
de Duobus et de Glauber	100 k. N.B.	comme les Potasses.		} » 25
d'Epsom.	id.	70 »	76 »	
de Saturne (acétate de plomb), d'oseille, de seignette, et sel végétal	id.	70 »	76 »	} 2 »
(Autres) Sels chimiques non repris ci-dessus .	100 k. B.	Prohibés.	Prohibés.	
Sellerie grossière. Bâts non garnis de cuir	la pièce.	» 50	» 50	» 05

RENVOIS ET ASSIMILATIONS.	NOTES EXPLICATIVES.

Sabine (feuilles et herbes de) —— Feuilles et herbes médicinales.

(huile de) —— Huile de lavande.

Sabots de bétail —— Cornes brutes.

Sabres d'enfant —— Bimbeloterie.

(autres) —— Armes blanches , selon l'espèce.

Saccoches ou sacs de cuir —— Mercerie commune.

Sacs vides en toile doivent comme le tissu dont ils sont faits et le 10ᵉ en sus.

de peau V. Saccoches, pelleteries (morceaux cousus) et peaux ouvrées.

Safran des Indes V. Curcuma.

de Mars —— Oxide de fer.

Sagapenum (gomme) —— Résineux exotiques.

Sain-foin —— Foin.

(graine de) —— Graines de prairie.

Salicornia et Salsola —— Plantes alcalines.

Sandaraque et Sang-dragon — Résineux exotiques.

Sangles en pièces de toute sorte —— Passementerie selon l'espèce.

garnies de cuir ou de boucles de métal —— Sellerie.

Sanguine brute —— Pierres ferrugineuses.

sciée —— Crayons simples.

Santal (bois de) blanc et citrin —— Bois odorans non dénommés.

rouge —— Bois de teinture non dénommés.

Santoline —— Barbotine.

Saphirs —— Pierres gemmes

Sapin (bois de) —— Bois à construire.

(écorces de) —— Ecorces à tan.

(bourgeons de) —— Herbes médicinales.

Sarcloirs —— Instrumens aratoires.

Sarcocolle (gomme) —— Résineux exotiques.

Sardines ou sarraches —— Poissons de mer.

Sardonix ou Sardoine —— Agates.

Sarmens de vignes —— Bois à brûler en fagots.

Sarrasin V. Céréales à la fin du Tarif.

Sarraux —— Effets à usage. Lingerie en pièces cousues.

Sassafras V. Bois odorans.

(écorces et feuilles de) —— Ecorces ou feuilles médicinales.

(huile de) V. Huiles.

Sauces épicées dites Sauces anglaises —— Epices préparées.

Saucisses et Saucissons —— Viandes salées de porc.

Sauge —— Herbes médicinales.

(huile de) V. Huiles.

Saule —— Bois à construire.

(écorces de) —— Ecorces à tan.

Saumons —— Poissons de mer.

Saxifrage (graine de) Fruits médicinaux.

Scabieuse —— Herbes ou racines médicinales.

Scavisson —— Cannelle commune.

Schals V. les tissus dont ils sont formés.

Schénante —— Racines médicinales, ou joncs odorans, selon l'espèce.

(1) Quel que soit son degré de pur.

(2) Le nitrate de soude est une production du Pérou et du littoral de l'Océan pacifique. Il nous arrive habituellement de ces contrées, et n'a d'autre emploi que pour nos fabriques.

(3) Il est accordé une prime à l'exportation des savons de toute sorte, à l'exception de ceux mous et liquides.

(4) Les scies, limes, outils, etc., ne peuvent être importés *par mer*, qu'en colis de 50 kil. au moins, et sans mélange des espèces soumises à des droits différens.

(5) 4 pieds, 6 pouces, 3 lignes.

(6) Une ordonnance de 1814 permet l'introduction dans les ports qui font des armemens pour la pêche de la morue, d'une quantité de sel de St.-Ubes que détermine chaque année le ministre de finances, d'après le nombre et la force de ces expéditions. Mais ces sels ne peuvent sortir des entrepôts particuliers où ils sont placés sous la clé de la douane , que pour cette destination et jamais pour la consommation.

(7) Il est accordé une prime à l'exportation du sel ammoniac de fabrique française.

NOMENCLATURE.	BASES des PERCEPTIONS.	DROITS D'ENTRÉE. par Navires Français.	par Navires Étrangers et par terre.	DROITS de SORTIE.
SELLERIE en cuir et autre	la valeur.	prohibée.	prohibée.	1/2 p.%
SIROPS (1), de l'étranger	100 k. N.B.	le droit du sucre terré.		» 25
des Colonies françaises	id.	le droit du sucre brut autre que blanc.		
SMALT	. . . .	comme azur émail ou vitrifications en masse, selon l'esp.		
SOIES en cocons	100 k. B.	1 »	1 10	prohibées.
écrues, grèges, (2) y compris les douppions . .	1 k. B.N.	» 05	» 05	3 »
moulinées (3), id.	id.	» 10	» 10	2 »
teintes servant à la fabrication des étoffes . . .	1 k. N.N.	3 06	3 30	6 (4)
autres	1 k. N.	3 06	3 30	
SOIE (bourre de) en masse, écrue	100 k. B.	1 »	1 10	
teinte	1 k. N.	» 82	» 90	
cardée en feuilles gommées. Ouate..	100 k. N.	62 »	67 60	prohibées (4).
toute autre	1 k. N.	» 82	» 90	
filée, ou Fleuret écru.	id.	» 82	» 90	
teint.	id.	3 06	3 30	
SON de toute sorte de grains.	100 k. B.B.	» 50	» 50	» 50
SORBET	100 k. N.B.	74 »	80 20	» 25
SOUDES de toute sorte . ·	100 k. B.B.	11 50	12 60	» 10
SOUFRE (5) brut	100 k. B.B.	1 »	2 »	
épuré	id.	5 »	5 50	» 50
sublimé en poudre	id.	13 »	14 30	
SPATH (chaux carbonatée)	id.	1 »	1 10	» 25
STIL de grain.	id.	25 »	27 50	2 »
SUCCIN brut (6).	id.	37 »	40 70	» 25
SUCRE colonial brut, autre que blanc, de Bourbon.	100 k. N.B.	38 50	» »	
des Antilles et de la Guyane...	id.	45 »	» »	
brut, blanc (7), de Bourbon. . . .	id.	43 50	» »	
des Antilles et de la Guyane...	id.	50 »	» »	
terré, de Bourbon	id.	61 »	» »	
des Antilles et de la Guyane.	id.	70 »	» »	
SUCRE étrang., brut, autre que blanc, de l'Inde (8) . . .	id.	80 »		» 25
d'ailleurs, hors d'Eur. .	id.	85 »	100 »	
des entrepôts . .	id.	95 »		
brut blanc et terré, de l'Inde (8). . .	id.	90 »		
sans distinction de nuances. d'ailleurs hors d'Eur. '	id.	95 »	120 »	
des entrepôts . .	id.	105 »		
SUCRE raffiné en pains, en poudre ou candi (9) . . .	id.	prohibé.	prohibé.	

RENVOIS ET ASSIMILATIONS.	NOTES EXPLICATIVES.

Scilles-marines —— Bulbes.
Sciures d'acajou —— Ouvrages en bois.
   d'écaille —— Ecailles de tortue (rognures d').
Scolopendre —— Feuilles médicinales.
Seaux en bois cerclés ou non en fer —— Ouvrages en bois.
  en tissu de chanvre imperméable —— Toile de chanvre écrue de
                moins de 8 fils.
Sébeste —— Fruits médicinaux.
Seigle V. Céréales à la fin du Tarif.
Sels de soude —— Carbonate de soude.
  (autres) non repris au présent Tarif ——Produits chimiques non
               dénommés.
Semen-contra V. Barbotine.
Semoirs en fer —— Instrumens aratoires.
  (autres) —— Machines et Mécaniques.
Semoule —— Pâtes d'Italie.
Séné V. Feuilles et follicules de Séné.
Sénevé V. Moutarde (graine de).
Séraps à peigner le chanvre —— Instrumens aratoires.
Sergens de menuisier —— Outils de pur fer.
Serinettes et Serpens V. Instrumens de musique.
Serpentaire —— Racines médicinales.
Serpentine —— Marbres (tous autres).
Sésame (graine de) —— Fruits oléagineux
  (huile de) —— Huile d'olive comestible.
Séséli (graine de) —— Fruits médicinaux.
Sextans —— Instrumens d'observation.
Simarouba —— Ecorces médicinales.
Similor —— V. Cuivre doré.
Sistres V. Instrumens de musique.
Socs de charrue (*) —— Instrumens aratoires.
Soda —— Plantes alcalines.
Soie (tissus de) V. Tissus.
Soies de Messine —— Mercerie commune.
  de porc et de sanglier V. Poils.
Soldanelle —— Herbes ou racines médicinales.
Soliveaux et Solives V. Bois à construire sciés.
Sondes élastiques —— Instrumens de chirurgie.
  en fer —— Fer ouvré.
Sonnailles et sonnettes en fonte —— Fer (fonte de) moulée.
  en tôle —— Instrumens aratoires.
  en métal de cloche —— Cuivre ouvré.
Soufflets à main —— Mercerie commune.
  de forge —— Machines et Mécaniques.
Souliers ——Peaux ouvrées.
Sparte non ouvré —— Joncs et roseaux non dénommés.
  ouvré V. Chapeaux, cordages, nattes, tresses et vannerie.
Sperma-Ceti V. Baleine (blanc de).
Sphères célestes et autres —— Instrumens d'observation.
Spigelli —— Herbes médicinales.
Spode d'ivoire ou d'os —— Noir d'ivoire, ou noir d'os.
Statues en bois —— Ouvrages en bois.
  en bronze —— Objets de collection.
  en marbre —— Marbre sculpté, selon l'espèce.
  en pierre ou plâtre —— Pierres ouvrées, ou plâtre moulé.
Stécas ou Stacchas (fleur de) —— Fleurs médicinales.
  (huile de) —— Huile de lavande
Stockfisch —— Poissons de mer.

(1) Pour le sirop de mélasse, voy. Mélasse. Les sirops *pharmaceutiques* font partie des médicamens composés : il ne s'agit ici que des infusions, décoctions ou distillations des sucs de plantes ou de fruits avec du sucre.

(2) Par soies *grèges*, on entend celles qui sont présentées telles que le ver les a filées, à un seul bout ou brin et pliées en écheveaux plus ou moins forts. Les *douppions* sont celles de même espèce qui proviennent du travail de deux vers réunis en un seul cocon, ce qui en a altéré sensiblement la qualité.

(3) Les soies moulinées sont celles grèges et écrues qu'on a mises en organsins, trames, poils, etc., par un ou plusieurs tors à un ou plusieurs bouts réunis.

(4) Par soies teintes servant à la fabrication des étoffes, et taxées à 6 fr. le kil. à la sortie, on n'entend que celles *teintes en cuit*, lesquelles éprouvant sur leur poids, par la cuite ou le décreusage, un déchet évalué à 25 p. %, sont douces au toucher, brillantes et lustrées.

Les autres soies teintes dont la prohibition est maintenue à l'exportation, sont celles *teintes en crû ou crues* ; ces soies qui ne diminuent pas de poids à la teinture, sont dures au toucher, gommées et d'une couleur terne : elles ne servent pas à la fabrication des étoffes, mais seulement des gazes, crêpes, tulles, blondes, rubans gazés, etc.

Quant aux soies *torses teintes en cuit*, ou soies à coudre, pliées en écheveaux ou bobines dont le poids n'excède pas 3 décag., à celles *teintes en cuit pour tapisserie* dévidées et roulées de la même manière, et à la bourre de soie filée, l'exportation en est permise par plusieurs bureaux, et notamment par les douanes de Paris, Lyon, Lille, Strasbourg, Béhobie, Bordeaux et Calais. Le droit qu'elles acquittent à leur sortie, est de 10 centimes, par kilo. brut.

(5) Celui qu'on nomme *soufre végétal*, lequel est une poussière de la fleur de pin, est traité comme résineux exotiques. V. ces mots.

Il est accordé une prime à la sortie du soufre épuré ou sublimé.

(6) Voyez la note (2) page 29, relative aux grains d'ambre jaune ou de succin non encore taillés.

(7) A partir du 1er juin 1834, le droit des sucres coloniaux *bruts blancs* sera porté, savoir : à 53 f. 50 c. pour ceux importés de Bourbon, et à 60 fr. pour les autres.

(8) Les sucres récoltés sur le territoire de Pondichéry, et importés par navires français en droiture, ou n'ayant fait escale que dans la colonie de l'île Bourbon, sont admis aux mêmes droits que ceux provenant de cette île, lorsque l'origine en est constatée par des certificats de l'administration locale.

(9) Il est accordé une prime à la sortie du sucre raffiné en pains, en poudre et candi.

(*) Les socs de charrue, ébauchés au martinet, sont traités comme fer en barres *rondes*, d'après le diamètre des parties les plus amincies.

NOMENCLATURE.	BASES des PERCEPTIONS.	DROITS D'ENTRÉE.		DROITS de SORTIE.
		par Navires Français.	par Navires Étrangers et par terre.	
Suie de cheminée	100 k. B.	1 »	1 10	Prohibée.
Suif brut animal et végétal	100 k. B.B.	15 »	18 »	1 »
Sulfates d'alumine	id.	25 »	28 »	
de potasse et de soude	100 k. N.B.	mêmes droits que les potasses.		
de cuivre.	100 k. B.B.	31 »	34 10	
de fer, et de fer et de cuivre mélangés. . .	id.	40 »	44 »	» 25
de magnésie (sel d'epsum)	100 k. N.B.	70 »	76 »	
de zinc.	100 k. B.B.	31 »	34 10	
de quinine.	100 k. B.	Prohibé.	Prohibé.	
Sulfures d'antimoine.	100 k. B.B.	11 »	12 10	1 »
d'arsenic jaune ou rouge.	id.	15 »	16 50	
de mercure en pierres (cinabre).	100 k. N.B.	150 »	160 »	» 25
pulvérisé (vermillon). . . .	id.	200 »	212 50	
de plomb	100 k. B.B.	10 »	11 »	
Sumac. (1)	id.	25 »	27 50	» 50
Tabac en feuilles(2), ou en côtes, des pays hors d'Eur.	100 k. B.B.	exempts.	10 »	» 25
des entrepôts . . .	id.	5 »		
fabriqué, ou seulement préparé	100 k. B.	Prohibé (3).	Prohibé (3).	» 51
Tabletterie.	1 k. B.	Prohibée.	Prohibée.	» 01
Talc de toute sorte, en masses	100 k. B.B.	2 »	2 20	» 25
pulvérisé.	id.	35 »	38 50	2 »
Tamarins (gousses entières ou pulpes)	id.	40 »	44 »	» 25
confits au sucre	100 k. N.B.	62 »	67 60	
Tapioca (semoule de manioc).	100 k. B.B.	20 »	22 »	» 25
Tapis à nœuds, en laine et fil, et Moquettes veloutées ou à points ronds (dites à côtes), dont l'envers présente un canevas en fil.	100 k. N.B.	300 »	317 50	1 50
en laine pure ou mélangée (autres que ceux ci-dessus).	100 k. B.	Prohibés.	Prohibés.	
de soie ou de fleuret, même mêlés de fil . . .	100 k. N.N.	306 »	323 50	2 »
de poil	100 k. N.B.	50 »	55 »	1 50
Tartre brut (acide de potasse impur).	id.	comme les potasses (4).		7 14
cristallisé, ou crême de tartre.	100 k. B.B.	30 »	33 »	» 50
Térébenthine liquide	id.	31 »	34 10	1 »
compacte (ou pâte de).	id.	8 »	8 80	
(essence ou huile de).	id.	25 »	27 50	» 50
Terres argileuses (5), ou glaises, communes . . .	id.	» 10	» 10	» 05
de Cologne, d'Ombre et de Sienne	id.	5 »	5 50	» 25

Storax et Styrax V. Baumes.
Stramoine —— Feuilles, fleurs, herbes, racines ou fruits médicinaux.
Stuc (ciment) —— Chaux.
   en tables —— Pierres ouvrées.
Sublimé doux et corrosif —— Médicamens composés.
Succin V. Ambre jaune.
   (huile de) —— Médicamens composés.
Sucre de lait —— Sucre terré, mais pouvant entrer par les bureaux
                       de terre.
Suc de réglisse V. Jus.
   de cocotier —— Sucre brut autre que blanc.
   de guimauve —— Sucre terré.
   d'hypocistis —— Résineux exotiques.
Sucrion —— Orge V. Céréales à la fin du Tarif.
Sulfate d'alumine V. Alun.
   d'ammoniaque —— Sel ammoniac.
   de fer et de cuivre mélangés —— Sulfate de fer.
   (autres) non repris au présent Tarif —— Produits chimiques
                       non dénommés.
Sulfures de zinc —— Zinc (minerai de).
   (autres) non repris au présent Tarif —— Produits chimi-
                     ques non dénommés.
Sureau (fleurs de) —— Fleurs médicinales.

Tabatières d'agate —— Agates ouvrées.
   de bois indigène —— Mercerie commune.
   de buis non garnies ni doublées —— Mercerie commune.
      garnies ou doublées —— Tabletterie.
   de carton, avec charnières de métal commun —— Carton
                   moulé.
   de figuier vernissées —— Mercerie fine.
   (autres) en bois exotiques —— Tabletterie.
   de corne, d'écaille, d'ivoire ou de nacre —— Tabletterie.
   d'étain —— Etain ouvré.
   de laiton peintes à deux couvercles et à miroirs ——
                 Mercerie commune.
   dorées, argentées ou d'or faux —— Cuivre doré ou argenté
                 ouvré.
   d'or, d'argent ou de vermeil —— Bijouterie.
Tableaux (la peinture) —— Objets de collection.
   (les cadres ou bordures) —— Meubles.
Tablettes de bouillon —— Médicamens composés.
   à écrire —— Mercerie commune.
   d'hockiac —— Médicamens composés.
Taffetas même gommé et d'Angleterre —— Etoffes pures unies; V.
                 Tissus de soie.
Tafia V. Rhum.
Tamaris (bois de) —— Bois odorans non dénommés.
   (écorce de) —— Ecorces médicinales.
Tambours et tambourins d'enfant —— Bimbeloterie.
      (autres); V. Instrumens de musique.

(1) Il ne s'agit ici que du sumac *en poudre*, qu'on appelle vulgairement *fauvi roux*, *redoul* ou *redon*. Quant aux feuilles *entières* de sumac, fustet, redoul et pudis que l'on présente, soit fraîches ou sèches, elles ne sont passibles que des droits imposés aux Feuilles tinctoriales; V. ces mots.

(2) Les tabacs en feuilles ou en côtes ne sont admis à l'entrée, que pour compte de la Régie seulement, et demeurent prohibés en tous autres cas. Ils sont reçus en entrepôt réel pour attendre cette destination, ou être expédiés pour le transit ou la réexportation.
Quant aux tabacs indigènes, il n'en peut être exporté qu'avec l'autorisation de la Régie.

(3) Il y a exception à la prohibition générale, pour les petites parties de tabac fabriqué importé par mer, appartenant à des passagers ou adressées à des consommateurs nominativement désignés au manifeste du capitaine; mais ces parties ne peuvent excéder 10 kil. de tabac fabriqué, ou 2000 cigarres par chaque passager ou consommateur.
Les droits dus en ce cas, sont pour les
Tabacs ordin.. 10 fr.
Poudres de Séville et tabacs dits Kanaster, Porto-Ricco et Varinas .... 15 fr. } Par kilogr. net.

Cigarres de la Havane et des Indes.... 90 fr. { Sans décime par franc, le 1000 en nombre du poids de 2 kil. et demi au plus. Lorsque le poids des 1000 cigarres dépasse cette limite, le droit est perçu proportionnellement sur l'excédant.

(4) On permet l'entrée du tartre brut destiné aux raffineurs, et à être ensuite réexporté en crême de tartre ou en acide tartrique, en payant, savoir :
Par navires français.. 50 c. par 100 kil. brut.
Par navires étrangers et par terre .... 2 f.   idem.
A condition de réexporter 55 kil. de crême de tartre, ou 36 kil. d'acide tartrique, par chaque 100 kil. de tartre brut importé à ces droits. Le déclarant passe soumission de payer l'intégralité du droit d'entrée dans le cas où la réexportation n'aurait pas lieu en temps utile.

(5) La terre argileuse noirâtre qu'on extrait des environs de Mons (Belgique), continue à suivre le régime des terres glaises communes. (Décision du 22 juillet 1833).

I 2 *

NOMENCLATURE.	BASES des PERCEPTIONS.	DROITS D'ENTRÉE par Navires Français	par Navires Étrangers et par terre	DROITS de SORTIE.
TERRES de Lemnos et terre cimolée	100 k. B.B.	9 »	9 90	» 25
de pipe.	id.	» 10	» 10	» 60
de porcelaine.	id.	» 10	» 10	3 »
servant aux arts et métiers (autres)	id.	2 »	2 20	» 25
THÉ, de l'Inde	1 k. N.B.	1 50	6 »	» 25 les 100 kil.
d'ailleurs.	id.	5 »		
TISSUS de bourre de soie (façon cachemire)	1 k. N.	Prohibés.	Prohibés.	» 02
de coton (1), (sauf le nankin jaune, des Indes).	100 k. B.	Idem.	Idem.	» 50
d'écorce, purs ou mélangés	id.	Idem.	Idem.	1 60
de paille, de sparte, etc., en feuilles.	le mètre carré.	» 45	» 45	» 01
de laine (1) en pièces. Couvertures	100 k. N.B.	200 »	212 50	1 50
Toile à blutoirs sans couture . .	id.	200 »	212 50	
non dénommés (2) . . .	id.	Prohibés.	Prohibés.	
de crin. Toile à tamis ou rapatelle	id.	41 »	45 10	1 50
Autres (sauf la passementerie et les chapeaux). .	100 k. B.	Prohibés.	Prohibés.	
de poil. Schals et étoffes de cachemire. . . .	id.	Idem.	Idem.	
Couvertures et tapis	100 k. N.B.	50 »	55 »	1 50
autres (sauf la bonneterie)	100 k. B.	Prohibés.	Prohibés.	
TISSUS de soie (3). Étoffes pures unies	1 k. N.N.	16 »	17 60	» 02
façonnées	id.	19 »	20 90	
brochées de soie. . .	id.	19 »	20 90	
d'or ou d'argent fin	id.	31 »	34 10	» 40
faux	1 k. N.	Prohibés.	Prohibés.	» 04
Couvertures	100 k. N.N.	204 »	216 70	2 » les 100 kil.
Gaze de soie pure	1 k. N.N.	31 »	34 10	
mêlée de fil	id.	17 »	18 70	
d'or ou d'argent fin . .	id.	62 »	67 60	» 40
faux	1 k. N.	Prohibée.	Prohibée.	» 04
Crêpe	1 k. N.N.	34 »	37 40	2 » les 100 kil.
Rubans de soie, même de velours (4)	100 k. N.N.	800 »	817 50	
Étoffes mêlées de fil, sans autre mélange. .	1 k. N.N.	13 »	14 30	» 02
et d'or et d'argent fin ·	id.	17 »	18 70	» 40
faux.	2 k. N.	Prohibées.	Prohibées.	» 04
TISSUS de l'Inde, sans distinction de matières	. . . .	Prohibés (5).	Prohibés (5).	. . . .
TOILE de lin (6), unie, écrue, avec ou sans apprêt. . . . ou de chanvre.				
de moins de 8 fils (7). . .	100 k. N.B.	30 »	30 »	» 25
de 8 fils incl. à 12 excl. .	id.	65 »	65 »	

RENVOIS ET ASSIMILATIONS.	NOTES EXPLICATIVES.

Tamis de crin —— Mercerie commune.

de toile métallique —— Toile métallique d'acier ou de laiton.

Tan V. Ecorces à tan moulues.

Tapsie noire ou blanche —— Racines médicinales.

Tarière (mèches à) de 24 cent. de long. et au-dessous —— Outils de pur acier.

(autres) —— Outils de fer rechargé d'acier.

Tartrate acide de potasse V. Lie de vie, tartre brut et cristallisé.

de potasse, et de soude. V. Sel de seignette et sel végétal.

de potasse et d'antimoine (émétique) —— Médicamens composés.

(autres) non repris au présent Tarif —— Produits chimiques non dénommés.

Tartre (sel de) —— Potasses.

vitriolé V. Sel de duobus.

émétique —— Médicamens composés.

Taupières —— Instrumens aratoires.

Taureaux, Taurillons et Bouvillons V. Bétail.

Télescopes —— Instrumens d'observation.

Tenailles —— Outils de fer, ou de fer rechargé d'acier, selon l'espèce.

Terra-merita —— Curcuma.

Terreaux V. Engrais.

Terre alumineuse d'Espagne, du pays de Liége, etc. —— Alun.

de marais et sablonneuse pour engrais —— Marne.

du Japon V. Cachou.

foliée de tartre —— Acétate de potasse.

à foulon, de Patna et terre moulard —— Pierres servant aux arts.

rubrique —— Pierres ferrugineuses.

Thé ou simples de la Guadeloupe —— Feuilles médicinales.

Thériaque —— Médicamens composés.

Thermomètres —— Instrumens de calcul.

Thon —— Poissons de mer.

Thym —— Fleurs ou herbes médicinales.

(huile de) —— Huile de romarin.

Thymelée —— Garou.

Tilleul (fleurs de) —— Fleurs médicinales.

(écorces de) V. Ecorces.

Timbales V. Instrumens de musique.

Tire-bondes —— Outils de pur fer.

Tire-bottes en bois —— Boissellerie.

en fer —— Mercerie commune.

Tire-bouchons, tire-bourres, tire-boutons, tire-lignes, à la grosse —— Mercerie commune.

Tissus en grains de verre —— Mercerie fine.

métalliques V. Toile métallique.

mélangés sont traités comme les tissus purs de la principale matière dont ils sont formés.

Toile d'ortie —— Toile de lin.

à blutoir sans couture V. Tissus de laine.

(1) Il est accordé une prime à l'exportation des tissus de pur coton, de ceux de pure laine, de laine et coton, de laine et soie, et des tapis de laine et de laine et fil.

(2) Voyez en outre, tapis, burail et crépon de Zurich.

(3) Les tissus de soie provenant de l'Inde sont prohibés à l'entrée par la loi de 1820. Il importe donc de prouver l'origine européenne de ceux qu'on veut introduire, par des certificats de fabrique, en bonne forme et dûment légalisés.

Les schalls et mouchoirs acquittent le droit des étoffes selon qu'ils sont unis, façonnés ou brochés. Le taffetas dit d'Angleterre, les taffetas et étoffes cirés et gommés sont traités comme étoffes unies.

(4) Afin d'éviter, lors de la vérification en douane, la soustraction des planchettes, tresses, épingles et papier servant au pliage des rubans de velours, on accorde, après s'être assuré que 3 des planchettes ne pèsent pas moins ensemble de 40 grammes, une réfaction de 30 p. % pour les rubans du n° 10 et proportionnellement pour les autres.

(5) A l'exception du nankin jaune; V. ce mot.

(6) Les toiles de toute sorte ne peuvent être importées par mer, qu'en colis pesant chaque 100 kil. ou plus, et sans mélange des espèces distinguées par le Tarif. Cependant les petites caisses ou caissons renfermant les échantillons de toile, sont, quoique de poids inférieur, admis par exception, quand ces échantillons se rapportent à d'autres fortes parties pour l'espèce et la qualité.

Un colis de toile pesant moins de 100 kil. peut encore être admis, lorsque le manifeste en indique le poids; mais alors il suit le régime des marchandises prohibées, et ne peut être destiné que pour la réexportation et l'entrepôt. La toile rayée par le tissage, vulgairement nommée Siamoise, est assimilée à la toile imprimée.

(7) On apprécie la qualité de la toile par le nombre de fils qu'elle présente en chaîne, c'est-à-dire, en longueur, dans l'espace de 5 millimètres carrés. On se sert pour cette opération de l'instrument appelé compte-fil.

NOMENCLATURE.	BASES des PERCEPTIONS.	DROITS D'ENTRÉE		DROITS de SORTIE.
		par Navires Français	par Navires Etrangers et par Terre.	
Toile de lin, unie, écrue, de 12 fils incl. à 16 excl. . (ou de chanvre, suite)	100 k. N.B.	105 »	105 »	
de 16 fils incl. à 18 excl.	id.	170 »	170 »	
de 18 fils incl. à 20 excl.	id.	240 »	240 »	
de 20 fils et au-dessus. .	id.	350 »	350 »	
blanche, mi-blanche ou imprimée, de moins de 8 fils. . . .	id.	60 »	60 »	
de 8 fils incl. à 12 excl.	id.	130 »	130 »	
de 12 fils incl. à 16 excl.	id.	210 »	210 »	
de 16 fils incl. à 18 excl.	id.	340 »	340 »	
de 18 fils incl. à 20 excl.	id.	480 »	480 »	
de 20 fils et au-dessus. .	id.	700 »	700 »	
teinte, de moins de 8 fils. . . .	id.	60 »	60 »	
de 8 fils incl. à 12 excl.	id.	85 »	85 »	» 25
de 12 fils incl. à 16 excl.	id.	120 »	120 »	
de 16 fils incl. à 18 excl.	id.	200 »	200 »	
de 18 fils incl. à 20 excl.	id.	280 »	280 »	
de 20 fils et au-dessus. .	id.	420 »	420 »	
cirée, de moins de 8 fils. . . .	id.	70 »	70 »	
de 8 fils incl. à 13 excl.	id.	120 »	120 »	
de 13 fils incl. à 20 excl.	id.	170 »	170 »	
de 20 fils et au-dessus. .	id.	220 »	220 »	
peinte sur enduit, pour tapiss.	id.	184 »	195 70	
à matelas	id.	130 »	139 »	
croisée. Coutil	id.	200 »	200 »	
autre que coutil , , , , , ,	id.	300 »	300 »	
Toile métallique d'acier	id.	200 »	212 50	1 »
de laiton.	id.	150 »	160 »	
Tortues vivantes.	la valeur.	2 p.%	2 p.%	1/4 p.%
Tourbes	100 k. B.B.	» 10	» 10	» 01
Tournesol en drapeaux ou maurelle (1)	id.	25 »	27 50	2 55
en pâte, pierre, etc. (orseille bleu cendré).	100 k. N. B.	100 »	107 50	2 50
Tourteaux d'amande et de pignon.	100 k. B.B.	25 »	27 50	2 »
de graines oléagineuses.	id.	» 50	» 50	» 25
Tresses (2) de paille, d'écorce, de sparte, etc. gross^res (3)	id.	5 »	5 50	
fines . . .	1 k. N.B.	6 » Plus 3 p. % de la valeur.	6 60	» 25 les 100 k°.
Tripoli	100 k. B.B.	5 »	5 50	» 25
Truffes fraîches ou marinées.	100 k. N.B.	74 »	80 20	» 25

RENVOIS ET ASSIMILATIONS.	NOTES EXPLICATIVES.

Toile à tamis, de soie —— Tissus de soie. Gaze.

de laine —— Tissus de laine non dénommés.

de crin V. Tissus de crin. Rapatelle.

Tôle en fer et en acier V. Fer et acier.

vernie —— (Plaqués.)

Tomates ou pommes d'amour, fraîches —— Légumes verts.

confites au vinaigre —— Légumes confits.

(marmelades ou tablettes de) —— Epices préparées.

Tombac —— Cuivre doré.

Topazes —— Pierres gemmes.

Torches résineuses —— Résines indigènes brutes.

Tormentilles —— Racines médicinales.

Tourne-broches —— Fer ouvré.

Tours d'horloger, simples —— Outils de pur acier.

(autres) et de tourneur —— Machines et mécaniques.

Toutenague V. Zinc.

Traits d'argent, d'argent doré, de cuivre doré, etc., V. ces mots métaux *tirés*.

Tranchets —— Outils de pur acier.

Trèfle (herbes fraîches ou sèches de) —— Foin.

(graine de) —— Graines de prairie.

Treillis —— Toile de lin écrue de 8 fils incl. à 12 excl.

Tresses de fil, laine, poil, etc., —— Passementerie selon l'espèce.

Triangles V. Instrumens de musique.

Tricots de Berlin —— Bonneterie de coton.

en pièces (vêtements de) V. Bonneterie et la note qui s'y rapporte.

Trictracs sans pied —— Tabletterie.

avec pied ou (tables de) —— Meubles.

Tripes de morue —— Poissons de mer.

Trochisques d'agaric —— Médicamens composés.

Trombones, trompes et trompettes V. Instrumens de musique.

Truelles —— Outils de pur fer.

Tubes en vitrifications V. Vitrifications en masse.

en bois pour tuyaux de pipes. —— Ouvrages en bois.

(autres) V. ci-après, Tuyaux.

Tuf —— Matériaux.

Tulipier —— Bois d'ébénisterie non dénommés.

Turbith —— Racines médicinales.

(résine ou gomme de) —— Résineux exotiques.

minéral —— Médicamens composés.

Turquin V. Marbres.

Turquoises —— Pierres gemmes.

Tussilage —— Fleurs médicinales.

Tutie ou cadmie —— Oxide de zinc gris cendré.

Tuyaux de fonte —— Fer (fonte de) moulée.

de pompes à incendie en tissus imperméable —— Toile de lin écrue, de moins de 8 fils.

de pipe, en bois, corne, cuir, os ou roseau —— Mercerie commune.

(1) Ce sont des loques ou chiffons imprégnés de couleur bleue, dont le véritable nom est *maurelle.*

(2) Les tresses en bois blanc sont assimilées, celles *grossières* à la vannerie en végétal coupé, et celles *fines* aux tresses fines de paille.

(3) Par *grossières*, on entend les tresses dont on fait les paillassons à essuyer les pieds, et les chapeaux des gens de la *campagne.* Toutes autres sont reputées *fines.*

NOMENCLATURE.	BASES des PERCEPTIONS	DROITS D'ENTRÉE		DROITS de SORTIE.
		par Navires Français.	par Navires Étrangers et par terre.	
TRUFFES sèches	100 k. N.B.	41 »	45 10	» 25
TUILES plates	1000 en N.	4 »	4 »	
bombées.	id.	10 »	10 »	} » 25
faîtières	id.	25 »	25 »	
TULLE de coton.	100 k. B.	Prohibé.	Prohibé.	» 50
de fil de lin	id.	Idem.	Idem.	» 25
de soie.	1 k. N.	Idem.	Idem.	» 02
TUYAUX en terre cuite.	1000 en N.	20 »	20 »	» 50
VANILLE, des pays situés à l'Ouest du Cap Horn.	1 k. N.B.	2 50	} 5 50	» 25 les 100 k.
d'ailleurs	id.	5 »		
VANNERIE en végétal brut	100 k. B.B.	15 »	16 50	
pelé	id.	25 »	27 50	} » 25
coupé	id.	35 »	38 50	
VÉLIN brut.	id.	1 »	1 10	} » 25
achevé.	id.	25 »	27 50	
VERJUS.	l'hectolitre.	2 »	2 »	» 10
VERMEIL (vernis rouge)	100 k. N.B.	41 »	45 10	2 »
VERMILLON (sulfure de mercure en poudre) . . .	id.	200 »	212 50	» 25
VERNIS de toute sorte.	id.	82 »	88 60	2 »
VERRES à lunettes ou à cadrans, bruts.	100 k. B.B.	10 »	11 »	» 25
taillés ou polis . .	100 k. N.B.	200 »	212 50	2 »
VERRERIE (autre que les bouteilles pleines, miroirs et les verres ci-dessus)	100 k. B.	Prohibée.	Prohibée.	Verres : 25 c. Cristaux 1 »
VERT de montagne (carbonate de cuivre)	100 k. B.B.	31 »	34 10	2 »
VESCE (graine de) ou jarosse, des pays de production.	l'hectolitre.	» 25	} 1 25	» 25 les 100 k.
d'ailleurs.	id.	1 25		
VESSIES de cerf et autres	100 k. B.B.	13 »	14 30	» 25
VIANDES fraîches de boucherie	id.	18 »	19 80	} 3 »
de gibier et de volaille	id.	» 50	» 50	
salées, de porc, lard compris	id.	33 »	36 30	
(autres)	id.	30 »	33 »	» 25 les 100 k.
(Extrait de) en pains (1)	1 k. N.B.	1 »	1 10	
VINAIGRE de vin, en futailles.	l'hectolitre.	10 »	10 »	» 01
en bouteilles.	id.	10 »	10 »	» 05
de bière, cidre, poiré et pommes de terre .	id.	2 »	2 »	» 15
parfumé, pour la toilette	100 k. N.B.	100 »	107 50	2 »

RENVOIS ET ASSIMILATIONS.	NOTES EXPLICATIVES.

Usnée —— Lichens médicinaux.

Vaches V. Bétail.
Valériane —— Racines médicinales.
Valets de menuisier —— Outils de pur fer.
Varechs —— Plantes alcalines.
Vases étrusques —— Objets de collection.
Vaude V. Gaude.
Veaux V. Bétail.
Védasses V. Potasses.
Veilleuses (mèches de lampes de nuit) —— Mercerie commune.
Velours de coton —— Tissus de coton.
     de laine —— Tissus de laine non dénommés.
     de soie —— Tissus de soie. Etoffes pures unies.
Vendange écrasée en cuve, doit la moitié du droit du vin selon l'espèce.
     sortant du pressoir, doit les 2/3   id.   id.
Verdet V. Acétate de cuivre.
Vergettes —— Mercerie commune.
Vermeil (argenterie dorée) V. Orfèvrerie.
Vermicelle —— Pâtes d'Italie.
Véronique —— Feuilles médicinales.
Verroux —— Fer ou cuivre ouvré.
Vert-de-gris V. Acétate de cuivre.
     de Brunswick, de perroquet et de vessie —— Couleurs non dénommées.
     d'antimoine —— Médicamens composés.
     de Schweinfurt —— Cendres vertes.
Vétiver ou vitivert —— Racines médicinales.
Viandes marinées à l'huile —— Huile d'olive comestible.
     (autres) —— Viandes salées.
Victorine —— Racines médicinales.
Vielles V. Instrumens de musique.
Vif-argent V. Mercure.
Vilebrequin (mèches de) de 24 cent de long et moins —— Outils de pur acier.
     (autres) —— Outils de fer rechargé d'acier.
     (manches de) en bois —— Ouvrages en bois.
     (en bois et fer) —— Outils de pur fer.
Violes et violons V. Instrumens de musique.
     d'enfant —— Bimbeloterie.
Violette (fleurs et baies de) —— Fleurs médicinales.
Viorne (feuilles ou baies de) —— Feuilles ou fruits médicinaux.
Vipères en poudre —— Médicamens composés à l'entrée, et Vipères sèches à la sortie.

(1) L'extrait de viandes vient de Russie en pains de 10 kil. environ. Il ne faut pas le confondre avec les tablettes de bouillon qui suivent le régime des médicamens composés.

NOMENCLATURE.	BASES des PERCEPTIONS.	DROITS D'ENTRÉE		DROITS de SORTIE.
		par Navires Français.	par Navires Etrangers et par terre.	
Vins ordinaires(1), en futailles et en outres, par terre.	l'hectolitre.	» »	15 »	» 01
par mer.	id.	35 »	35 »	
en bouteilles (2), par terre . . .	id.	» »	15 »	» 05
par mer. . . .	id.	35 »	35 »	
de liqueur(3), en futailles et en outres.	id.	100 »	100 »	» 01
en bouteilles (2)	id.	100 »	100 »	» 05
Vipères vivantes ou sèches	100 en N.	10 »	10 »	1 »
Vitrifications en masse, ou en tubes à tailler . . .	1 k. N.B.	3 »	3 30	» 01
taillées en pierres à bijoux	id.	6 »	6 60	» 02
en grains percés pour chapelets et colliers. . . .	id.	1 »	1 10	» 01
pour broderies ou tricots.	id.	2 »	2 20	» 02
Voiles de navires	la valeur.	10 p.%	10 p.%	
Voitures à ressorts, garnies ou peintes, neuves et vieilles	id.	Prohibées (4)	Prohibées (4)	1/4 p.%
à échelle, charriots, tombereaux, etc	id.	15 p.%	15 p.%	
Volailles vivantes	id.	2 p.%	2 p.%	1/4 p.%
tuées.	100 k. B.B.	» 50	» 50	3 »
Yeux d'écrevisse.	100 k. B.B.	17 »	18 70	» 25
Zinc (minerai de) ou pierres calaminaires.	100 k. B.B.	» 10	» 10	2 »
(Calamine grillée).	id.	» 10	» 10	1 »
coulé en masses ou lingots pour la refonte . .	id.	» 10	» 10	» 50
en plaques ou barres régulières (5) . . .	id.	5 »	5 50	
laminé (en feuilles).	100 k. N.B.	50 »	55 »	» 25
ouvré	100 k. B.	Prohibé.	Prohibé.	
Zostère marine.	100 k. B.B.	» 10	» 10	» 50

RENVOIS ET ASSIMILATIONS.	NOTES EXPLICATIVES.

Virolles —— Fer ou cuivre ouvré, selon l'espèce.
Vis en bois —— Ouvrages en bois.
  en fer ou acier —— Fer ou acier ouvré.
Visnague (tailles de) —— Mercerie commune.
Vitriol rouge ou rubifié —— Oxide de fer.
  blanc —— Sulfate de zinc.
  bleu —— Sulfate de cuivre.
  vert —— Sulfate de fer.
  d'Admonde et de Saltzbourg —— Sulfate de fer.
Volans —— Mercerie commune.
Vouëde —— Pastel.
Vrilles de 24 cent. de long. et au-dessous —— Outils de pur acier.
  (autres) —— Outils de fer rechargé d'acier.
Vulnéraires (simples d'Europe) —— Herbes ou fleurs médicinales.

Winter (écorces de) —— Ecorces médicinales.

Xylo-balsamum —— Bois odorans non dénommés.

Yèbles —— Ecorces médicinales.

Zaphre V. Safre.
Zédoaire —— Racines médicinales.
Zircons —— Pierres gemmes.
Zinc V. Carbonates, oxides et sulfates.

(1) Le vin sec de Porto, est traité comme vin ordinaire.

(2) Les vins en bouteilles doivent à l'entrée et à la sortie, outre le droit du liquide, celui imposé sur les bouteilles pleines V. ce mot.

(3) Ce sont notamment les vins d'Alicante, de Calabre, de Calvisson, de Candie, de Canarie, du Cap, de Centaurin ou Santorin, de la Ciotat, de Chio, de Chypre, de Constance, les vins cuits grecs, de Frontignan, d'Italie, de Lacryma-Christi, de Lesbos, de Loka, de Lunel, de Madère, de Malaga, de Malvoisie, de Marsalla, de Montefiascone, de Montferrat, de Naples, de Paille, de Pakaret, de Piémont, de Rancio, de Rivesaltes, de Rota, de Syracuse, de Ténédos, de Ténériffe, de Tierno, de Toulon rouge, de Tokai, de la Verdée, de Wermouth, de Hongrie, de Xérès, etc.

(4) Les voitures à usage des voyageurs sont admises à entrer en France, à la condition de consigner à la Douane le tiers de leur valeur réelle, et de les réexporter dans un délai qui ne peut excéder trois ans. Les trois-quarts du montant de cette consignation sont remboursés à qui de droit, immédiatement après le renvoi des voitures à l'étranger.
Le droit de sortie n'est pas applicable aux voitures de voyageurs.

(5) Les barres ou plaques régulières de zinc, les feuilles et les ouvrages en zinc, peuvent, au gré des propriétaires, être brisés ou coupés en douane, pour n'être soumis qu'au droit d'entrée imposé sur le zinc coulé en masses.

TARIF SPÉCIAL DES CÉRÉALES.

Observations préliminaires.

Les départemens frontières sont divisés en quatre classes pour la fixation des Mercuriales qui servent à déterminer l'application et le taux du droit d'entrée et de sortie. Cette division est établie comme ci-après :

1re Classe, composée d'une Section unique.

Pyrénées-Orientales, Aude, Hérault, Gard, Bouches-du-Rhône, Var et la Corse. — *Marchés régulateurs* : Toulouse, Marseille, Lyon et Gray.

2e Classe, composée de deux Sections.

1re Section : Gironde, Landes, Basses-Pyrénées, Hautes-Pyrénées, Arriège et Haute-Garonne. — *Marchés régulateurs* : Marans Bordeaux et Toulouse.

2e Section : Basses-Alpes, Hautes-Alpes, Isère, Ain, Jura et Doubs — *Marchés régulateurs* : Gray, St-Laurent-les-Mâcon et le Grand-Lemps.

3e Classe, composée de trois Sections.

1re Section : Haut-Rhin et Bas-Rhin. — *Marchés régulateurs* : Mulhausen et Strasbourg.

2e Section : Nord, Pas-de-Calais, Somme, Seine-Inférieure, Eure et Calvados. — *Marchés régulateurs* : Bergues, Arras, Roye, Soissons, Paris et Rouen.

3e Section : Loire-Inférieure, Vendée et Charente-Inférieure. — *Marchés régulateurs* : Nantes et Marans.

4e Classe, composée de deux Sections.

1re Section : Moselle, Meuse, Ardennes et Aisne. — *Marchés régulateurs* : Metz, Verdun, Charleville et Soissons.

2e Section : Manche, Ille-et-Vilaine, Côtes-du-Nord, Finistère et Morbihan. — *Marchés régulateurs* : Saint-Lô, Paimpol, Quimper, Hennebon et Nantes.

Le *Prix moyen* des grains sur les divers marchés est fixé à la fin de chaque mois, par le Ministre du Commerce et publié dans le Bulletin des Lois, pour servir à établir la perception pendant le mois suivant, et déterminer le droit dû, tant à l'entrée qu'à la sortie, sur chaque espèce de grains et farines.

Un exemple va faciliter l'application des diverses taxes imposées sur les Céréales.

On suppose que le Bulletin des Lois publié à la fin de chaque mois, donne le tableau suivant du prix moyen de l'hectolitre de froment dans les quatre classes dont nous venons de parler :

1re CLASSE, Section unique, 19 fr. 36 c.

2e CLASSE, 1re Section, 21 fr. 50 c. — 2e Section, 19 fr. 88 c.

3e CLASSE, 1re Section, 24 fr. 63 c. — 2e Section, 22 fr. 67 c. — 3e Section, 21 fr. 98 c.

4e CLASSE, 1re Section, 20 fr. 63 c. — 2e Section, 20 fr. 96 c.

On désire maintenant connaître la taxe que devra subir l'Orge importée, pendant le mois suivant, par le département de la Seine-Inférieure, ou celui du Nord.

D'abord, on recherche de quelle classe font partie ces départemens, et par les indications précédentes, on trouve aussitôt que l'un et l'autre sont compris dans la 3e Classe, 2e Section. Le prix moyen de l'hectolitre de Froment a été fixé pour cette classe et cette section, à 22 fr. 67 c., ainsi qu'il résulte du tableau publié par le ministère. Or, à l'Art. *Orge* du Tarif suivant, on lit que lorsque le prix de l'hectolitre de Froment sera dans la 3e Classe de 23 fr. à 22 fr. 01 c. inclus', le droit d'entrée devra être de 12 c. $\frac{1}{2}$ par hectolitre d'Orge importée par navires français ou par terre, et de 1 fr. 37 c. $\frac{1}{2}$ pour celle introduite par bâtimens étrangers.

Si le prix moyen était, par exemple, de 16 fr. 50 c. au lieu de 22 fr. 67 c., on supputerait de la sorte, en consultant toujours le même article *Orge*, à la 3e Classe où l'on lit que : lorsque le prix du Froment tombe dans cette 3e Classe au-dessous de 18 fr. 01 c., le droit de 2 fr. 37 c. $\frac{1}{2}$ imposé sur l'orge importée par navires français ou par terre, est augmenté de 75 c. par chaque franc de baisse au-dessous de 18 f. 01 c. Il y a ici 2 francs de baisse, par conséquent, 2 fois 75 c. à ajouter à 2 fr. 37 c. $\frac{1}{2}$; le droit à payer sera donc de 3 fr. 87 c. $\frac{1}{2}$ par hectolitre.

Le même calcul se pratique à l'égard du droit de sortie, qui est aussi susceptible d'être augmenté par chaque franc de hausse au-dessus de 24 fr. pour cette 3e classe, de 28 fr. pour la 1re, 26 pour la 2e, etc., etc.

CÉRÉALES.	LE PRIX DE L'HECTOLITRE DE FROMENT ÉTANT DANS LA				BASES des PERCEPTIONS.	DROITS D'ENTRÉE		DROITS de SORTIE.
	1re CLASSE.	2e CLASSE.	3e CLASSE.	4e CLASSE.		par Navires Français et par terre.	par Navires Étrangers.	

FROMENT , EPEAUTRE ET MÉTEIL.

	1re CLASSE	2e CLASSE	3e CLASSE	4e CLASSE	BASES	par Fr.	par Étr.	SORTIE
GRAINS	au-dessus de 28 fr.	au-dessus de 26 fr.	au-dessus de 24 fr.	au-dessus de 22 fr.	l'hectolitre.	»f 25c	»f 25c	le dr. ci-dessous sera augmenté de 2 f. par chaque f. de hausse.
	de 28 à 27 01	de 26 à 25 01	de 24 à 23 01	de 22 à 21 01	id.	» 25	1 50	6f »c
	de 27 à 26 01	de 25 à 24 01	de 23 à 22 01	de 21 à 20 01	id.	» 25	1 50	4 »
	de 26 à 25 01	de 24 à 23 01	de 22 à 21 01	de 20 à 19 01	id.	1 25	2 50	2 »
	de 25 à 24 01	de 23 à 22 01	de 21 à 20 01	de 19 à 18 01	id.	2 25	3 50	
	de 24 à 23 01	de 22 à 21 01	de 20 à 19 01	de 18 à 17 01	id.	3 25	4 50	
	de 23 à 22 01	de 21 à 20 01	de 19 à 18 01	de 17 à 16 01	id.	4 73	6 »	» 25
	au-dessous de 22.01	au-dessous de 20.01	au-dessous de 18.01	au-dessous de 16.01	id.	les droits ci-dessus seront augmentés de 1 f. 50 c. par chaque franc de baisse.		
FARINES	au-dessus de 28 fr.	au-dessus de 26 fr.	au-dessus de 24 fr.	au-dessus de 22 fr.	100 k. B.B.	» 50	» 50	le dr. ci-dessous sera augmenté de 4 f. par chaque f. de hausse.
	de 28 à 27 01	de 26 à 25 01	de 24 à 23 01	de 22 à 21 01	id.	» 50	2 16	12 »
	de 27 à 26 01	de 25 à 24 01	de 23 à 22 01	de 21 à 20 01	id.	» 50	2 16	8 »
	de 26 à 25 01	de 24 à 23 01	de 22 à 21 01	de 20 à 19 01	id.	3 50	5 16	4 »
	de 25 à 24 01	de 23 à 22 01	de 21 à 20 01	de 19 à 18 01	id.	6 50	8 16	
	de 24 à 23 01	de 22 à 21 01	de 20 à 19 01	de 18 à 17 01	id.	9 50	11 16	
	de 23 à 22 01	de 21 à 20 01	de 19 à 18 01	de 17 à 16 01	id.	14 »	15 66	» 50
	au-dessous de 22.01	au-dessous de 20.01	au-dessous de 18.01	au-dessous de 16.01	id.	les droits ci-dessus seront augmentés de 4 f. 50 c. par chaque franc de baisse.		

SEIGLE.

	1re CLASSE	2e CLASSE	3e CLASSE	4e CLASSE	BASES	par Fr.	par Étr.	SORTIE
GRAINS	au-dessus de 28 fr.	au-dessus de 26 fr.	au-dessus de 24 fr.	au-dessus de 22 fr.	l'hectolitre.	» 15	» 15	le dr. ci-dessous sera augmenté de 1 f. 20c par chaq. f. de hausse
	de 28 à 27 01	de 26 à 25 01	de 24 à 23 01	de 22 à 21 01	id.	» 15	1 40	3 60
	de 27 à 26 01	de 25 à 24 01	de 23 à 22 01	de 21 à 20 01	id.	» 15	1 40	2 40
	de 26 à 25 01	de 24 à 23 01	de 22 à 21 01	de 20 à 21 01	id.	» 75	2 »	1 20
	de 25 à 24 01	de 23 à 22 01	de 21 à 20 01	de 19 à 18 01	id.	1 35	2 60	
	de 24 à 23 01	de 22 à 21 01	de 20 à 19 01	de 18 à 17 01	id.	1 95	3 20	
	de 23 à 22 01	de 21 à 20 01	de 19 à 18 01	de 17 à 16 01	id.	2 85	4 10	» 15
	au-dessous de 22 01	au-dessous de 20 01	au-dessous de 13 01	au-dessous de 16 01	id.	les droits ci-dessus seront augmentés de 90 c. par chaque franc de baisse.		
FARINES	au-dessus de 28 fr.	au-dessus de 26 fr.	au-dessus de 24 fr.	au-dessus de 22 fr.	100 k. B.B.	» 32 ½	» 32 ½	le dr. ci-dessous sera augmenté de 2 f. 60 c par chap. f. de hausse
	de 28 à 27 01	de 26 à 25 01	de 24 à 23 01	de 22 à 21 01	id.	» 32 ½	1 98 ½	7 80
	de 27 à 26 01	de 25 à 24 01	de 23 à 22 01	de 21 à 20 01	id.	» 32 ½	1 98 ½	5 20
	de 26 à 25 01	de 24 à 23 01	de 22 à 21 01	de 20 à 19 01	id.	2 27 ½	3 93 ½	2 60
	de 25 à 24 01	de 23 à 22 01	de 21 à 20 01	de 19 à 18 01	id.	4 22 ½	5 88 ½	
	de 24 à 23 01	de 22 à 21 01	de 20 à 19 01	de 18 à 17 01	id.	6 17 ½	7 83 ½	
	de 23 à 22 01	de 21 à 20 01	de 19 à 18 01	de 17 à 16 01	id.	9 10 »	10 76 »	» 32 ¼
	au-dessous de 22.01	au-dessous de 20.01	au-dessous de 18.01	au-dessous de 16.01	id.	les dr. ci-dessus seront augmentés de 2 f. 92 c. 1/2 par chaque franc de baisse.		

CÉRÉALES.	LE PRIX DE L'HECTOLITRE DE FROMENT ÉTANT DANS LA 1re CLASSE.	2e CLASSE.	3e CLASSE.	4e CLASSE.	BASES des PERCEPTIONS	DROITS D'ENTRÉE par Navires Français, et par terre.	par Navires Etrangers	DROITS de SORTIE.

MAÏS.

GRAINS.......	au-dessus de 28 fr.	au-dessus de 26 fr.	au-dessus de 24 fr.	au-dessus de 22 fr.	l'hectolitre.	»f 13c $\frac{3}{4}$	»f 13c $\frac{3}{4}$	le dr ci dessous sera augm. de 1 f 10 c par chaq. f. de *hausse*.
	de 28 à 27 01	de 26 à 25 01	de 24 à 23 01	de 22 à 21 01	id.	» 13 $\frac{3}{4}$	1 38 $\frac{3}{4}$	3f 30c
	de 27 à 26 01	de 25 à 24 01	de 23 à 22 01	de 21 à 20 01	id.	» 13 $\frac{3}{4}$	1 38 $\frac{3}{4}$	2 20
	de 26 à 25 01	de 24 à 23 01	de 22 à 21 01	de 20 à 19 01	id	» 68 $\frac{3}{4}$	1 93 $\frac{3}{4}$	1 10
	de 25 à 24 01	de 23 à 22 01	de 21 à 20 01	de 19 à 18 01	id.	1 23 $\frac{3}{4}$	2 48 $\frac{3}{4}$	
	de 24 à 23 01	de 22 à 21 01	de 20 à 19 01	de 18 à 17 01	id.	1 78 $\frac{3}{4}$	3 03 $\frac{3}{4}$	
	de 23 à 22 01	de 21 à 20 01	de 19 à 18 01	de 17 à 16 01	id.	2 61 $\frac{1}{4}$	3 86 $\frac{1}{4}$	» 13 $\frac{3}{4}$
	au dessous de 22.01	au-dessous de 20.01	au-dessous de 18.01	au-dessous de 16.01	id.	Les droits ci-dessus seront augmentés de 82 1/2 c. par chaque franc de *baisse*.		

ORGE.

GRAINS.......	au dessus de 28 fr.	au-dessus de 26 fr.	au-dessus de 24 fr.	au-dessus de 22 fr.	l'hectolitre.	» 12 $\frac{1}{2}$	» 12 $\frac{1}{2}$	le dr. ci-dessous sera augmenté de 1 f. par chaq. f. de *hausse*.
	de 28 à 27 01	de 26 à 25 01	de 24 à 23 01	de 22 à 21 01	id.	» 12 $\frac{1}{2}$	1 37 $\frac{1}{2}$	3 »
	de 27 à 26 01	de 25 à 24 01	de 23 à 22 01	de 21 à 20 01	id.	» 12 $\frac{1}{2}$	1 37 $\frac{1}{2}$	2 »
	de 26 à 25 01	de 24 à 23 01	de 22 à 21 01	de 20 à 19 01	id.	» 62 $\frac{1}{2}$	1 87 $\frac{1}{2}$	1 »
	de 25 à 24 01	de 23 à 22 01	de 21 à 20 01	de 19 à 18 01	id.	1 12 $\frac{1}{2}$	2 37 $\frac{1}{2}$	
	de 24 à 23 01	de 22 à 21 01	de 20 à 19 01	de 18 à 17 01	id.	1 62 $\frac{1}{2}$	2 87 $\frac{1}{2}$	
	de 23 à 22 01	de 21 à 20 01	de 19 à 18 01	de 17 à 16 01	id.	2 37 $\frac{1}{2}$	3 62 $\frac{1}{2}$	» 12 $\frac{1}{2}$
	au-dessous de 22.01	au-dessous de 20.01	au-dessous de 18.01	au-dessous de 16.01	id.	Les droits ci-dessus seront augmentés de 75 c. par chaque f. de *baisse*.		

MAÏS ET ORGE.

FARINES.......	au-dessus de 28 fr.	au-dessus de 26 fr.	au-dessus de 24 fr.	au-dessus de 22 fr.	100 k. B.B.	» 30	» 30	le dr. ci-dessous sera augm. de 2 f. 40 c. par cha. f. de *hausse*
	de 28 à 27 01	de 26 à 25 01	de 24 à 23 01	de 22 à 21 01	id.	» 30	1 96	7 20
	de 27 à 26 01	de 25 à 24 01	de 23 à 22 01	de 21 à 20 01	id.	» 30	1 96	4 80
	de 26 à 25 01	de 24 à 23 01	de 22 à 21 01	de 20 à 19 01	id.	2 10	3 76	2 40
	de 25 à 24 01	de 23 à 22 01	de 21 à 20 01	de 19 à 18 01	id.	3 90	5 56	
	de 24 à 23 01	de 22 à 21 01	de 20 à 19 01	de 18 à 17 01	id.	5 70	7 36	» 30
	de 23 à 22 01	de 21 à 20 01	de 19 à 18 01	de 17 à 16 01	id.	8 40	10 06	
	au dessous de 22.01	au-dessous de 20.01	au-dessous de 18.01	au-dessous de 16.01	id.	Les droits ci-dessus seront augmentés de 2 f. 70 c. par chaque f. de *baisse*.		

SARRASIN.

GRAINS.......	au-dessus de 26 fr.	au-dessus de 26 fr.	au-dessus de 24 fr.	au-dessus de 22 fr	l'hectolitre.	» 10	» 10	le dr. ci-dessous sera augmenté de 80 c. par cha f. de *hausse*
	de 28 à 27 01	de 26 à 25 01	de 24 à 23 01	de 22 à 21 01	id.	» 10	1 35	2 40
	de 27 à 26 01	de 25 à 24 01	de 23 à 22 01	de 21 à 20 01	id.	» 10	1 35	1 60
	de 26 à 25 01	de 24 à 23 01	de 22 à 21 01	de 20 à 19 01	id.	» 50	1 75	» 80
	de 25 à 24 01	de 23 à 22 01	de 21 à 20 01	de 19 à 18 01	id.	» 90	2 15	
	de 24 à 23 01	de 22 à 21 01	de 20 à 19 01	de 18 à 17 01	id.	1 30	2 55	
	de 23 à 22 01	de 21 à 20 01	de 19 à 18 01	de 17 à 16 01	id.	1 90	3 15	» 10
	au-dessous de 22.01	au-dessous de 20.01	au-dessous de 18.01	au-dessous de 16.01	id.	Les droits ci-dessus seront augmentés de 60 c. par chaque f. le *baisse*.		

CÉRÉALES.	LE PRIX DE L'HECTOLITRE DE FROMENT ÉTANT DANS LA				BASES des PERCEPTIONS	DROITS D'ENTRÉE		DROITS de SORTIE.
	1re CLASSE.	2e CLASSE.	3e CLASSE.	4e CLASSE.		par Navires Français et par terre.	par Navires Étrangers.	

SARRASIN.

	au-dessus de 28 fr.	au-dessus de 26 fr.	au-dessus de 24 fr.	au-dessus de 22 fr.	100 k° B.B.	»f 25c	»f 25c	{le dr ci-dessous sera augmenté de 2 f. par chaq. f. de hausse.
FARINES......	de 28 à 27 01	de 26 à 25 01	de 24 à 23 01	de 22 à 21 01	id.	» 25	1 91	6f »c
	de 27 à 26 01	de 25 à 24 01	de 23 à 22 01	de 21 à 20 01	id.	» 25	1 91	4 »
	de 26 à 25 01	de 24 à 23 01	de 22 à 21 01	de 20 à 19 01	id.	1 75	3 41	2 »
	de 25 à 24 01	de 23 à 22 01	de 21 à 20 01	de 19 à 18 01	id.	3 25	4 91	
	de 24 à 23 01	de 22 à 21 01	de 20 à 19 01	de 18 à 17 01	id.	4 75	6 41	» 25
	de 23 à 22 01	de 21 à 20 01	de 19 à 18 01	de 17 à 16 01	id.	7 »	8 66	
	au dessous de 22.01	au-dessous de 20.01	au-dessous de 18.01	au-dessous de 16.01	id.	Les droits ci-dessus seront augmentés de 2 f. 25c. par franc de baisse.		

AVOINE.

	au-dessus de 28 fr.	au-dessus de 26 fr.	au-dessus de 24 fr.	au-dessus de 22 fr.	l'hectolitre.	» 08 $\frac{1}{4}$	» 08 $\frac{3}{4}$	{le dr.ci-dessous sera augm. de 70 c. par chaq. f. de hausse.
GRAINS.......	de 28 à 27 01	de 26 à 25 01	de 24 à 23 01	de 22 à 21 01	id.	» 08 $\frac{3}{4}$	1 33 $\frac{3}{4}$	2 10
	de 27 à 26 01	de 25 à 24 01	de 23 à 22 01	de 21 à 20 01	id.	» 08 $\frac{3}{4}$	1 33 $\frac{3}{4}$	1 40
	de 26 à 25 01	de 24 à 23 01	de 22 à 21 01	de 20 à 19 01	id.	» 43 $\frac{3}{4}$	1 63 $\frac{3}{4}$	» 70
	de 25 à 24 01	de 23 à 22 01	de 21 à 20 01	de 19 à 18 01	id.	» 78 $\frac{3}{4}$	2 03 $\frac{3}{4}$	
	de 24 à 23 01	de 22 à 21 01	de 20 à 19 01	de 18 à 17 01	id.	1 13 $\frac{3}{4}$	2 38 $\frac{3}{4}$	» 03 $\frac{3}{4}$
	de 23 à 22 01	de 21 à 20 01	de 19 à 18 01	de 17 à 16 01	id.	1 66 $\frac{1}{4}$	2 91 $\frac{1}{4}$	
	au-dessous de 22.01	au-dessous de 20.01	au-dessous de 18 01	au-dessous de 16.01	id.	Les droits ci-dessus seront augmentés de 52 c. 1/2 par chaque f. de baisse.		

	au-dessus de 28 fr.	au-dessus de 26 fr.	au-dessus de 24 fr.	au-dessus de 22 fr.	100 k. B.B.	» 27 $\frac{1}{2}$	» 27 $\frac{1}{2}$	{le dr. ci dessous sera augm. de 2 f. 20 c. par cha. f. de hausse.
FARINES	de 28 à 27 01	de 26 à 25 01	de 24 à 23 01	de 22 à 21 01	id.	» 27 $\frac{1}{2}$	1 93 $\frac{1}{2}$	6 60
	de 27 à 26 01	de 25 à 24 01	de 23 à 22 01	de 21 à 20 01	id.	» 27, $\frac{1}{2}$	1 93 $\frac{1}{2}$	4 40
	de 26 à 25 01	de 24 à 23 01	de 22 à 21 01	de 20 à 19 01	id.	1 92 $\frac{1}{2}$	3 58 $\frac{1}{2}$	2 20
	de 25 à 24 01	de 23 à 22 01	de 21 à 20 01	de 19 à 18 01	id.	3 57 $\frac{1}{2}$	5 23 $\frac{1}{2}$	
	de 24 à 23 01	de 22 à 21 01	de 20 à 19 01	de 18 à 17 01	id.	5 22 $\frac{1}{2}$	6 88 $\frac{1}{2}$	» 27 $\frac{1}{2}$
	de 23 à 22 01	de 21 à 20 01	de 19 à 18 01	de 17 à 16 01	id.	7 70	9 36 »	
	au dessous de 22.01	au-dessous de 20.01	au-dessous de 18.01	au-dessous de 16.01	id.	Les droits ci-dessus seront augmentés de 2 f. 47 1/2 c. par chaque f. de baisse.		

14

Tarif général des Droits de Navigation

PERÇUS DANS LES PORTS DE FRANCE (*),

Droit de Francisation.

NAVIRES............
- au-dessous de 100 tonneaux.......... »^{f}. 09^c. par tonneau.
- de 100 tonneaux à 200, exclusivement. 18 » ⎫
- de 200 tonneaux à 300   id.   24 » ⎬ par bâtiment.
- pour chaq. 100 tonneaux au-dessus de 300   6 » ⎭

Droit de Vente et de Transfert.

NAVIRES............
- de 100 tonneaux et au-dessus......... 6^f. »^{c}, par acte.
- au-dessous de 100 tonneaux......... » 06 par tonneau.

Droit de Congé des Navires français.

NAVIRES MARCHANDS...
- au-dessus de 30 tonneaux........... 6^f. »^{c}. ⎫ pour la durée de chaque voyage.
- au-dessous de 30 tonneaux, pontés.... 3 » ⎭
-   dito.   non pontés. 1 » ⎫ pour un an.

BATEAUX PÊCHEURS.....
- pontés, au-dessous de 50 tonneaux.... 3 » ⎭
- dito, de 50 tonneaux et au-dessus... 6 » par mois.

Droit de Passeport des Navires étrangers.

NAVIRES............
- sortant du port de Marseille........ exempts.
- Smogleurs de 30 tonn. et au-dessous, sortant et rentrant dans les ports de la Manche. id.
- Tous autres, et dans tous autres ports indistinctement. 1^f. »^{c}. par acte.

(*)Les Navires étrangers sont exemptés de tous Droits de Navigation dans le port de MARSEILLE. Les navires français n'y sont assujettis qu'aux Droits de Francisation et de Congé.

Droits de Tonnage.

		DANS LES PORTS	
		DE L'OCÉAN.	DE LA MÉDI-TERRANÉE.
des ports français, {de l'Océan, *par tonneau*·		$»^f$ 22^{c}1/2	$»^f$ 30^c
{de la Méditerranée...... *id.*		» 3o	» 22 1/2
BATIMENS français {au-dessus de 3o tonneaux {venant.....	des Colonies et Comptoirs franç., hors d'Eur... *id.*	» 45	» 45
	de l'Angleterre ou de ses possessions anglaises en Europe.......................... *id.*	1 5o	1 5o
	de la pêche ou de la course............. *id.*	» »	» »
	de l'étranger......................... *id.*	» »	» »
{de 3o tonn. et au-dessous, sans distinct^n. du point du départ *id.*		» »	» »
BATIMENS espagnols venant en France....................... *id.*		comme les navires français.	
BATIMENS anglais ven. {de l'Angleterre ou des possessions anglaises en Europe.......... } sur lest ou chargés.... *id.*		1 5o	1 5o
{d'un port étranger à l'Angleterre {chargés,............. *id.*		3 75	3 75
{sur lest.............. *id.*		» »	» »
BATIMENS des États-Unis et du Mexique...................... *id.*		5 »	5 »
Tous autres Bâtimens étrangers .... *id.*		3 75	3 75

Droit d'Expédition.

BATIMENS français..... {au-dessus de 3oo tonneaux.........15^f. »^{c}.
{de 15o tonneaux à 3oo, *inclusivement* 6 »
{de 3o tonneaux à 15o, *id.* 2 »
{de 3o tonneaux et au-dessous...... » »

BATIMENS étrangers.... {de 2oo tonneaux et au-dessous......18 »
{au-dessus de 2oo tonneaux.........36 »

} par bâtiment.

Droits d'Acquits, Permis et Certificats relatifs aux cargaisons.

BATIMENS............ {français, anglais, américains, brésilliens, espagnols et mexicains.............} »^{f} 5o^c(1)
{Tous autres étrangers............. 1 »

} par acte.

N. B. Tous les Droits de Navigation sont passibles de l'addition du décime par franc, à l'exception *du Droit de tonnage de 5 fr.* spécialement imposé aux navires des États-Unis et du Mexique.

(1) Ce Droit n'est que de 50 cent. pour les Navires *anglais, américains, brésilliens*, etc., tant que ces navires viennent directement des ports de leur nation. Il serait *d'un franc*, comme pour les autres bâtimens étrangers, s'ils abordaient en France, venant d'un autre point.

Tarif des Droits accessoires.

Droit de Transit.

SUR LES MARCHAN-DISES EXPÉDIÉES

des Douanes de terre sur les Ports d'entrepôt-réel et reversiblement, ou des Bureaux frontières sur d'autres Bureaux frontières................ 25 c. par 100 kil. brut, sans addition du second emballage, ou 15 c. par 100 fr. de la valeur, au choix du déclarant.

des Douanes de terre ou des Ports d'entrepôt-réel, sur l'Entrepôt de Lyon, ou les autres Entrepôts intérieurs ou frontières.................... Rien.

Droit de Réexportation.

SUR LES MARCHAND.ᵉˢ

sortant des Entrepôts maritimes, par mer....... 51 c. par 100 k° brut, ou 15 c. par 100 f. de valeur, au choix du déclarant.

sortant des Entrepôts intérieurs, ou frontières... 25 c. p. 100 k° br., sans addition du second emball., ou 15 c. par 100 f. de val. au choix du déclarant.

Droit de Retour ou de Réimportation.

Sur les marchandises franç. revenant invendues de l'étran. ou des Colon. 51 c. par 100 k° brut, ou 15 c. par 100 fr. de val. au choix du redevable.

Droit de Magasinage,

exigible après huit jours de dépôt en Douane.

Nota. Le Droit de Magasinage n'est point passible de l'addition du décime par franc.

SUR LES MARCHAND.ᵉˢ

non réclamées par les propriétaires, ou pour lesquelles il n'a pas été fourni de déclarations en détail en temps utile............................

provenant de saisie ou autres qui, après avoir été vendues sous condition de réexportation, ne sont point réexportées par les acquéreurs dans le délai accordé.............................. 1 p. o/o de leur valeur.

nationales en retour, qui demeurent en dépôt en attendant l'autorisation de leur réadmission...... 1/2 p. o/o de leur valeur.

Droit de Timbre des diverses expéditions.

(*Nota.* Ce Droit n'est pas passible de l'addition du décime).

Manifestes d'entrée ou de sortie...................... » 75

Acquits-à-Caution .... » 75

Passavans et Congés de circulation..................... » o5

Quittances de droits, (au-dessus de 10 francs............. » 25 } par acte.
/de 10 francs et au-dessous.......... » o5

Quittances d'escompte des droits de Douane et des Sels (au-dessus de 10 fr ···· » 25
/de 10 fr. et au-dessous .. » o5

Droit de Plombage.

(Ce Droit n'est pas passible de l'addition du décime).

MARCHANDISES ....

expédiées en transit ou mutation d'entrepôt par terre .... (1er plomb F. » 5o / 2me plomb » 25

réexportées d'entrepôt dans les seuls ports de Rouen, Nantes, Bordeaux, Bayonne et Marseille....... par chaq. plomb » 25

expédiées par cabotage ou en mutation d'entrepôt, par mer................................. id. » 5o

expédiées sous réserve de prime.............

expédiées en transit ou sous réserve de prime, qui après avoir été vérifiées dans un port ou un bureau de sortie qui ne touche pas immédiatement à l'étranger, y sont remises sous le scel de la douane, pour assurer le passage définitif soit en haute mer, soit sur le territoire étranger limitrophe........ id. » 25

Nomenclature

Des seules marchandises soumises à la garantie du plombage, dans le cas d'expédition par cabotage, de réexportation et de mutation d'entrepôt par mer (*).

Acétates, Acier ouvré, Absinthe (herbes et tiges d'), Agaric de Mélèse, Agates ouvrées, Albâtre sculpté, moulé ou poli, Aloës (suc de) Amandes, Ambre gris, Ambre jaune travaillé, Amidon, Amome (graines d'), Anis vert et étoilé, Antimoine sulfuré et métallique, Armes de toute sorte, Arsenic métallique et Azur en poudre.

(*) Les marchandises *de réexportation* ne sont soumises à la garantie du plomb que dans les ports de Rouen, Nantes, Bordeaux, Bayonne et Marseille.

14 *

Badiane, Baleine (fanons, blanc et bougies de blanc de), Balles de plomb, Barbotine, Batiste, Baumes de benjoin, de copahu et autres, sauf le Styrax préparé, Bézoards, Bijouterie, Billes de billard, Bimbeloterie, Blanc d'argent et de Crems, Blanc de plomb, Bleu de Prusse ou de Berlin, Bois de teinture moulus, Bois odorans, Bonbons, Bonneterie de toute sorte, Borax, Bougies de cire et de blanc de baleine, Boules de bleu, Bouteilles vides, Burail et crêpon de Zurich.

Cacao en fèves et broyé, Cachou, Café, Camphre, Cannelle et Cassia-lignea, Cantharides, Caout-Chouc, Caractères d'imprimerie, Carbonates, Cardes à carder, Carmin, Cartes à jouer et géographiques, Carthame, Carton en feuilles et moulé, coupé ou assemblé, Casse, Castoréum, Cendres bleues ou vertes, Céruse, Chandelles, Chanvre peigné, Chapeaux, sauf ceux de paille grossière, Cheveux (ouvrages en), Chicorée moulue, Chiques de toute espèce, Chlorure de chaux, Chocolat, Chrômates de plomb et de potasse, et autres, Cinabré, Cire ouvrée, Civette, Cloportes, Cobalt, sauf le minérai, Cochenille, Colle-forte et de poisson, Confiture, Coquillages nacrés, Corail brut et taillé, Cornes de bétail, préparées ou en feuillets, Cotons en laine, en feuilles et filés, Couleurs non-dénommées, Couperose, Couvertures, Coutellerie, Coutil, Crayons composés, Crême de tartre, Cuivre pur, et Cuivre doré ou argenté ouvré, Curcuma.

Dentelles de toute sorte, Dents d'éléph. et autres analogues, entières ou sciées, Diamans, Drilles.

Eaux de senteur, Ecaille de tortue, Ecorces médicinales de toute sorte, Effets à usage, sauf ceux accompagnant les voyageurs, Email, Encre à dessiner en tablettes, Epices préparées, Eponges, Etain ouvré, Extraits de bois de teinture.

Faïence, Faînes, Fard, Faucilles et Faulx, Fer et Fonte moulés ou ouvrés, Ferraille, Feuilles médicinales, sauf celles de lierre et d'oranger, Feutre à doublage et ouvrages en feutre, Fils de chanvre ou de lin, de coton, de laine, et de tous autres poils, et plocs, Fleurs médicinales, sauf celles de lavande et d'oranger, Follicules de séné, Fromages, Fruits de table secs ou tapés, Fruits médicinaux de toute sorte.

Gingembre, Ginseng, Girofle, Glu, Gommes exotiques, Graines médicinales de toute espèce, Gravures, Groisil ou verre cassé.

Herbes médicinales de toute sorte, Horlogerie, Houblon, Huiles ou essences volatiles.

Indigo, Indique, Ipécacuanha, Iris de Florence, Inde plate, Instrumens aratoires, Instrumens de musique, de chimie, de chirurgie, de calcul, d'observation et d'optique, Ivoire brut et ouvré.

Jalap, Joncs odorans, Joncs exotiques, Jus de réglisse.

Kermès en poudre.

Labdanum, Laines de toute sorte et en tout état, Laque naturelle et préparée, Lichens médicinaux, Lies de vin brûlées, Liége ouvré, Limailles de cuivre, Limes, Lin peigné, Linge de table, Linon, Litharge, Lithographies, Livres en langue française.

Macis, Machines et mécaniques susceptibles d'être emballées, Magnésie, Manne, Marbres sculptés, moulés ou polis, Marc de roses, Massicot, Maurelle, Mèches soufrées, Médicamens composés, Mercerie commune ou fine, Mercure natif ou vif-argent, Meubles neufs, Meules à aiguiser de moins de

677 millim., Mine-orange, Minium, Miroirs de toute sorte, Modes (ouvrage de), Moutarde (graine et confection de), Muriates, Musc, Muscades, Musique gravée.

Nacre de perle, Nattes fines, Natrons, Noir à souliers, d'Espagne et d'ivoire, Noix et Noisettes.

OEufs de fourmis, Opiats dentifrices, Opium, Or battu, tiré ou laminé et filé sur soie, Oreillons, Orfévrerie, Orpiment, Orseille, Os de cœur de cerf et de sèche, Outils, Outremer, Oxides.

Pain d'épice, Papier de toute sorte, Parapluies et parasols, Parchemin achevé, Passementerie, Pastel en pâte, Pastilles odorantes à brûler, Pâtes d'Italie, Pâtes d'amande et de pignon, Pelleteries brutes et ouvrées, Peaux tannées, corroyées, vernissées, chamoisées, etc., Peaux de cygne, d'oie ou d'agneau préparées, Peignes de toute sorte, Pierres gemmes, Pierres ouvrées, Piment, Plaqués, Plomb ouvré, Plumes à écrire, à lit, et de parure, Poils de porc et de sanglier, Poils propres à la chapellerie, Poivre, Pommades parfumées, Pompholyx, Porcelaine, Potasses et Perlasses, Poterie de grès fin, Poudres à poudrer et de senteur, Produits chimiques non dénommés, Prussiate de potasse cristallisé.

Quinquina et Quinine.

Racines médicinales, Râpes, Râpures de cerf et d'ivoire, Réalgar, Réglisse, Résineux exotiques, Rocou, Rubannerie.

Safran et Safranum, Sagou, Salep, Salpêtre, sauf celui destiné à la Régie, Salsepareille, Sang de bouc, Savons, Scammonée, Scies, Schakos, Scorpions séchés, Sel ammoniac, d'oseille, végétal, volatil, de Saturne, de duobus, d'Epsum, d'ammoniaque et de Glauber, Sellerie, Smalt, Soie et bourre de soie, (étoffes et tissus), Soies de toute sorte, Sorbet, Soudes, Soufre, sauf celui destiné à la Régie, Stil de grain, Sucre, Sulfates, Sulfures, Sumac.

Tabac en feuilles, en côtes ou fabriqué, Tabletterie, Talc pulvérisé, Tamarins, Tapis, Tartre cristallisé, Thé, Tissus de toute sorte, Toile de lin ou de chanvre, Toile métallique, Tournesol, Tresses fines, Tulle de toute sorte.

Vanille, Vélin achevé, Vermeil, Vermillon, Vernis de toute sorte, Verres à lunettes ou à cadrans, taillés et polis, Verrerie, sauf les bouteilles pleines, Vert de montagne, Vert de gris et verdet, Viandes (extrait de) en pains, Vinaigres parfumés, Vitrifications, Vitriol, Voitures neuves.

Yeux d'écrevisse.

Zinc ouvré.

NOMENCLATURE des produits de fabrique française jouissant de Primes de sortie et quotité de ces mêmes Primes.

Nota. Toute marchandise exportée avec réserve de prime, est exempte du droit imposé par le tarif à sa sortie. Il y a exception cependant Pour les beurres et viandes salés et le sel ammoniac.

DÉSIGNATION DES PRODUITS.		TAUX de la PRIME ALLOUÉE.	OBSERVATIONS.
SUCRE RAFFINÉ — *Mélis ou quatre cassons,* en pains de 7 kil. et au-dessous, et *Sucre candi,* fabriqués avec du sucre br. autre que blanc importé par nav. fr., en droiture.	de Bourbon.......	60f 50c par k° 100 net	Ces primes sont calculées d'après un rendement de 70 kil. en Sucre mélis ou quatre cassons et candi, et de 73 k. en Suc. lumps ou tapé, par quintal de matière br., et basées sur les dr. d'entrée, (déc. compr.)perçus à l'import^n des Suc. br. aut. que bl., suivant leur origine.
	des Ant^les et de la Guy	70 70 id.	
	de l'Inde........	125 70 id.	
	des pays étrang. hors d'Europe........	133 57 id.	
Lumps et *tapé,* fabriqué avec du sucre br. aut. que blanc importé par navire français, en droiture....	de Bourbon.......	58 01 id.	
	des Ant^les et de la Guy	67 80 id.	
	de l'Inde........	120 54 id.	
	des p. étr. h. d'Eur..	128 08 id.	
MÉLASSE (résidu de cannes exotiques)..........		12 » id.	
FILS de pur coton, écrus, blancs et teints, et Tissus de pur coton écrus, blancs, teints ou imprimés..		25 » id.	
FIL dégraissé, écru ou teint de pure laine.	du prix de 4f.50c. ou moins le k°.	120f » id.	Le prix régulateur de 4 f. 50 c. est la val^r, non du kil. fil de laine présenté, mais la valeur à la frontière et avant l'acquiement des droits d'entrée de la laine en masse et lavée à chaud dont ce fil est formé.
	du prix de plus de 4f. 50c le k°.	200 » id.	
DRAPS et Casimirs de pure laine................			A l'exclusion des Tissus formés de déchets de laine ou autres basses matières, et de ceux qui ne vaudraient pas au moins 6 fr. le kilogramme.
TISSUS de pure laine	*foulés,* à fil droit ou croisé....	13 1/2 p.o/o de la val.	
	non foulés, à fil croisé, valant moins de 26 fr. le kil......		
	non foulés, à fil droit, valant moins de 19 fr. le kil.......		
ETOFFES légères de pure laine, qui n'ont pas passé au foulon...........	croisées, y compris les châles.	360f par 100 k° net	valant 26 f. et plus le k°.
	simples.................	260 » id.	valant au moins 19 f. le k°.
PANNES de pure laine, ou mélangés de poils du Levant, pour moitié seulement..........		150 » d.	

DÉSIGNATION DES PRODUITS.	TAUX de la PRIME ALLOUÉE.	OBSERVATIONS.
BONNETS de pure laine, en usage dans l'Orient. fins..............	300^{f.} »^{c.} id.	valant 38 f. et plus le k°.
moyens.............	240 » id.	valant 25 à 37 fr. le kil.
communs............	180 » id.	valant moins de 25 f. le k.
BONNETERIE ordinaire de pure laine.............	180 » id.	valant au moins 6 fr. le k.
PASSEMENTERIE et rubans de pure laine..........		
COUVERTURES de pure laine (le molleton leur est assimilé). fines.............	200 » id.	du prix de 14 f. au moins le k.
moyennes.........	150 » id.	du prix de 7 f. au moins le k.
communes........	100 » id.	au-dessous des prix ci-dessus.
TAPIS de pure laine, ou mélangés de plus de moitié de laine neuve et entière.................	120 » id.	
ÉTOFFES de coton mélangées de laine pour moins de moitié............................	25 » id.	
ACIDE nitrique............................	53 » id.	
sulfurique............................	3 50 id.	
MEUBLES en acajou massif, et feuilles de placage dito.	35 » id.	
SAVONS blancs, rouges et marbrés, non liquides.....	Remboursem^{t.} du dr. d'ent. sur l'huile et la soude ou natron employés à la fabrication..	Dans la proportion de 58 k° d'huile et de 35 k° de soude ou de natron, par 100 kil. de savon.
SOUFRE épuré ou sublimé....................	Remboursem^{t.} du dr. d'entr. payé sur le soufre brut.	Dans la proport. de 100 k° de mat. br., pour 75 k° de souf. épuré ou sublimé.
PLOMB, cuivre et laiton battus, laminés ou autrement ouvrés en nature....................	Remboursement des dr. d'ent. sur le métal brut.	Dans les proportions de 102 k° de plomb pour 100 k° plomb ouvré; de 100 k° cuiv. br. pour 100 k° cuiv. ouvré; et de 90 k° cuiv. br. pour 100 k° laiton ouvré.

15

DÉSIGNATION DES PRODUITS.	TAUX de la PRIME ALLOUÉE.	OBSERVATIONS.
Cuirs tannés et corroyés, peaux teintes, vernies, chamoisées ou maroquinées..................	Remboursement des droits perçus à l'entrée.	Dans les proportions de 100 k° peaux br., pour 100 k° peaux et cuirs tann. et corroyés ; de 110 k° pour 100 k° peaux teint. et vern.; et de 200 kil. pour 100 kil. peaux mégies, chamoisées ou maroquinées.
Chapeaux de paille, d'écorce ou de sparterie.......	idem.	
Sel ammoniac.............................	48ᶠ. »ᶜ. par 100 k° net.	
Beurre salé ex-{dans les pays d'Europe.......... porté par mer.{aux Colonies et hors d'Europe....	2 40 id. 3 60 id.	
Viandes salées exportées par mer.{de bœuf ou de porc.......... {lard en planches............. {jambons.................. {de bœuf ou de porc........ {lard en planches............ {jambons.................	12 » id. 9 60 id. 9 » id. 9 » id. 8 10 id. 7 50 id.	Pour les pays étrangers hors d'Europe et les Colonies françaises. Pour les pays étr. d'Eur. et la pêche de la morue.

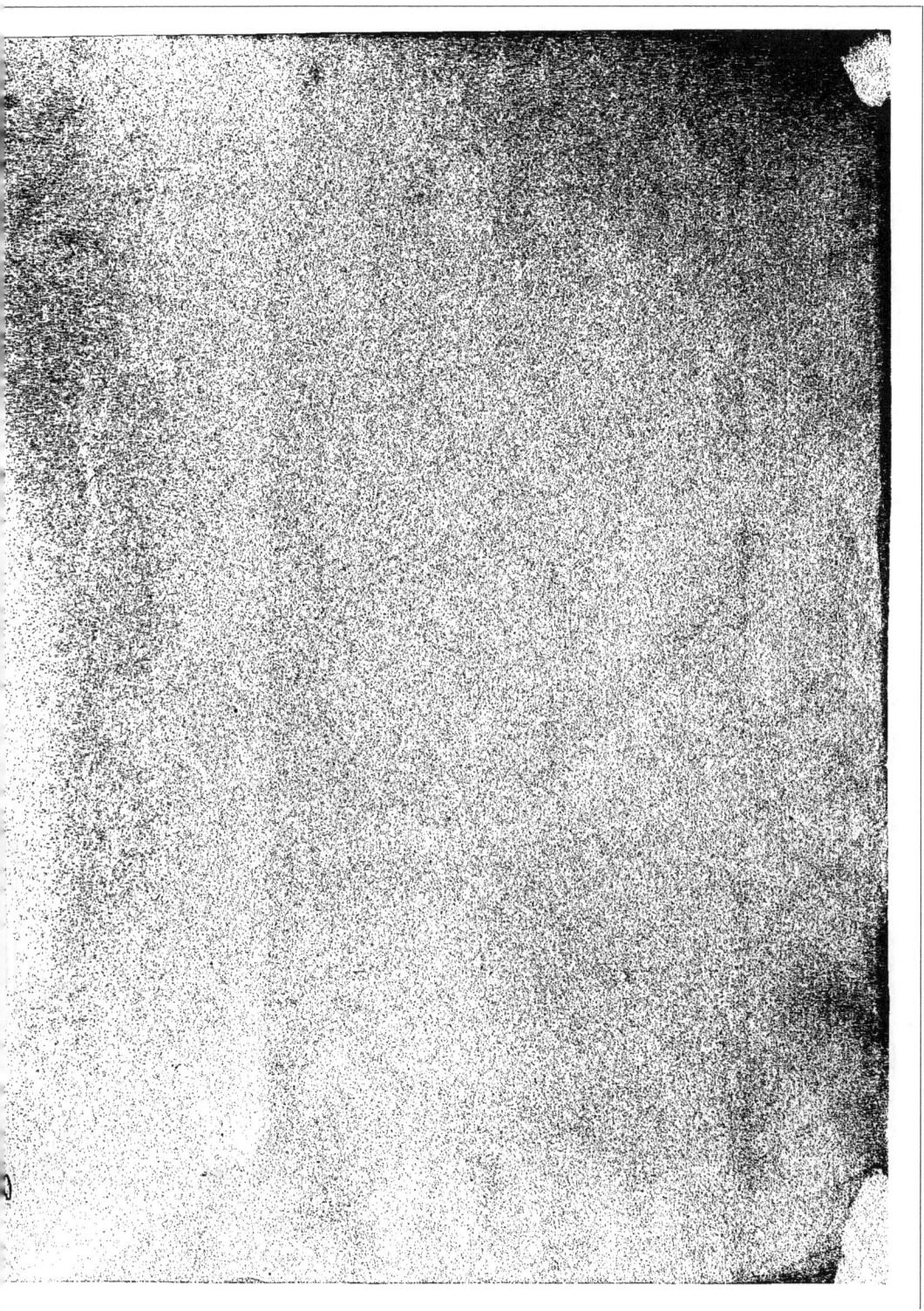

NOUVEAU

TARIF DES DOUANES

FRANÇAISES.

www.ingramcontent.com/pod-product-compliance
Lightning Source LLC
Chambersburg PA
CBHW071158200326
41519CB00018B/5271